回话有招

时间岛◎主编

吉林文史出版社
JILIN WENSHI CHUBANSHE

图书在版编目（CIP）数据

回话有招 / 时间岛主编 . -- 长春 : 吉林文史出版社, 2025. 2. -- ISBN 978-7-5752-0981-6

Ⅰ. H019-49

中国国家版本馆 CIP 数据核字第 2025SR3431 号

回话有招

HUI HUA YOU ZHAO

主　　编：时间岛
出 版 人：张　强
责任编辑：张涣钰
装帧设计：言　诺
出版发行：吉林文史出版社
电　　话：0431-81629352
地　　址：长春市福祉大路 5788 号
邮　　编：130117
网　　址：www.jlws.com.cn
印　　刷：三河市金兆印刷装订有限公司
开　　本：880mm × 1230mm 1/32
印　　张：5
字　　数：97 千
版　　次：2025 年 2 月第 1 版
印　　次：2025 年 2 月第 1 次印刷
书　　号：ISBN 978-7-5752-0981-6
定　　价：48.00 元

第一章 家庭幸福，从良好的沟通开始

聪明的夫妻，这样回复对方 / 6

父母与孩子要读懂彼此的心 / 15

温馨而又智慧地与亲戚相处 / 24

打造家庭沟通的黄金法则 / 30

第二章 高情商回话，让职场沟通不尴尬

如何回应上司的问话 / 38

让你的话语更有力量 / 51

让客户与你无话不谈 / 63

征服面试官的从容应对之法 / 74

超实用的九段工作法 / 84

第三章 家校沟通好，教育才有温度

高情商家长与老师的对话 / 92

把话说到孩子心坎上 / 100

聪明的家长这样应对其他家长 / 109

如何有效建立家校沟通合作关系 / 114

第四章 因人而异，不同场景巧回话

男性朋友都吃这一套 / 122

女生之间如何建立良好的友谊 / 129

关系再好也要有技巧地沟通 / 136

公共场合与人愉快地交流 / 141

幽默回话改变局势 / 146

第五章 人情往来，回话有技巧

做认真倾听的“听话高手” / 150

提高语言表达能力的方法 / 151

学会控制自己的情绪 / 153

情感共鸣促进顺畅沟通 / 154

全球化视野下的跨文化沟通 / 155

第一章

家庭幸福，从良好的沟通开始

家庭沟通中的回话智慧

今天工作太累了，家务都不想做。
亲爱的，家务这种小事哪能劳您大驾，我全包了，您就负责貌美如花！

你看你都这么大了，该成家了。
爸妈，别催啦，月老可能把我的红线拿去织毛衣了，不过我相信他迟早会想起来的！

现在的工作收入不错吧？听说赚大钱啦！
嘿嘿，也就够我每天吃泡面的时候加个卤蛋，偶尔还能加根火腿肠！您最近工作怎么样？

家庭沟通的重要性与特点

在我们的日常生活中，家庭沟通是维系家庭成员关系、促进家庭和谐的关键因素。它不仅影响着每个家庭成员的个人成长和幸福感，也对整个家庭的稳定和发展起着至关重要的作用。

家庭沟通的重要性

1. 增进家庭成员之间的理解和信任：有效的沟通能够让家庭成员更好地了解彼此的想法、感受和需求。例如，孩子在学校遇到了挫折，回家后向父母倾诉，如果父母能够耐心倾听并给予恰当的回应，孩子就会感受到父母的理解和支持，从而增强对父母的信任。同样，一个人将其在工作上的压力和困扰与家人分享，也能得到家人的关心和鼓励，增进家庭成员之间的情感连接。

2. 解决家庭矛盾和冲突：家庭中难免会出现各种矛盾和冲突，如父母与孩子之间关于学习和娱乐的分歧、夫妻之间关于家庭财务的争论等。通过良好的沟通，各方可以表达自己的观点和诉求，共同寻找解决方案，避免矛盾的激化。例如，一对夫妻因为孩子的教育方式产生了分歧，他们通过深入的沟通，了解到彼此的出发点都是为了孩子好，只是方式不同，最终达成一致，选择了更适合孩子的教育方式。

3. 促进家庭成员的个人成长：在家庭中，各个成员之间可以相互交流经验、知识和价值观。父母可以将自己的人生智慧传授给孩子，孩子也可以为父母带来新的观念和想法。这种交流能够帮助家庭成员不断学习和进步。例如，一个热爱阅读的孩子可以向父母推荐好书，激发父母的阅读兴趣，从而共同提升知识水平。

4. 营造温馨和谐的家庭氛围：当家庭成员之间能够自由、愉快地交流时，家庭氛围会变得温馨和谐。大家会感受到彼此的关爱和尊重，增强家庭的凝聚力和归属感。例如，每天晚餐时，家庭成员围坐在一起，分享一天的见闻和感受，这种温馨的沟通场景会让每个人都感受到家的温暖。

家庭沟通的特点

1. 情感性：家庭沟通往往充满了情感色彩。家庭成员之间的交流不仅仅是信息的传递，更是情感的交流。一个简单的问候、一句关心的话语，都蕴含着深厚的亲情和爱意。例如，当孩子生病时，父母关切的眼神和温柔的话语，能够让孩子感受到无尽的温暖。

2. 多样性：家庭沟通的方式多种多样，包括语言交流、肢体语言交流、表情交流等。有时候，一个拥抱、一个微笑，比千言万语更能表达情感。此外，家庭沟通还可以通过共同的活动，如一起做饭、一起旅行等进行。例如，一家人周末一起去户外野餐，在轻松愉快的氛围中，彼此之间的交流会更加自然和深入。

3. 长期性和持续性：家庭沟通是一个长期且持续的过程。从孩子出生到长大成人，家庭成员之间的沟通始终伴随着家庭生活的各个阶段。即使家庭成员之间有时产生矛盾和冲突，但沟通不会中断，而是在不断地调整和改进中继续进行。例如，在孩子成长的过程中，父母会不断地与孩子交流关于学习、生活、职业规划等方面的问题。

4. 双向性：家庭沟通不是单方面的信息输出，而是双向的交流。每个家庭成员都有表达自己观点和倾听他人意见的权利和义务。例如，在讨论家庭决策时，父母会听取孩子的想法，孩子也会尊重父母的意见，通过相互协商达成共识。

5. 私密性：家庭沟通的内容往往具有一定的私密性，只在家庭成员之间分享。这种私密性使得家庭成员能够在一个安全、信任的环境中表达真实的自我。例如，家庭成员之间会分享一些个人的秘密、梦想和困扰，而不用担心被外界知道。

家庭沟通在家庭生活中具有不可替代的重要性，其特点也使得家庭成为一个充满爱与温暖的港湾。我们应当重视家庭沟通，不断提高沟通技巧，让家庭成为我们心灵的避风港和成长的摇篮。

聪明的夫妻，这样回复对方

场景1 丈夫说工作太累了

青铜

☞大家都累。

王者

☞老公，辛苦啦！你这是为了咱们这个家在拼命啊。周末咱们一起出去放松放松，为你累扁的小心肝充充电。

☞工作确实重要，但你的健康更重要。我可以帮你分担一些家务事，让你有更多时间休息。

场景2 丈夫说想换工作

青铜

☞可以啊，随便你。

王者

☞亲爱的，只要是你深思熟虑的决定，我都会全力支持你。换工作也许能让你像开了挂一样飞黄腾达，咱们一起加油！

场景3 丈夫问周末去哪里玩比较好

青铜

☞你决定吧，我都行。

王者

☞我觉得去郊外野餐或者徒步不错，既能放松，又能欣赏大自然的美景，你觉得呢？

☞其实我想和你一起探索一些新的地方，我们查查有没有有趣的展览或者文化活动吧。

场景4 丈夫说和朋友聚会晚归

青铜

☞知道了。

王者

☞亲爱的，别喝太多酒。聚会结束了给我打电话，我去接你，不然你迷路了我可找不到你。

☞ 亲爱的，玩得开心点，但也要注意身体，别太晚回来，不然我会以为你被外星人抓走啦。

场景 5 丈夫说你化妆时间太长

青铜

☞ 女人化妆都这样。

王者

☞ 老公，重要的场合应该注重自己的形象，所以我化妆时间久了点，别嫌我哦。

☞ 知道你等得着急了，下次我提前准备，不让你等太久。

☞ 亲爱的，我想打扮得漂亮点给你看嘛，下次我尽量快点。

场景 6 丈夫说家庭开销有点大

青铜

☞ 是啊，最近买了不少东西。

王者

☞ 嗯，这个月有些额外支出。要不我们坐下来，一起看看如何更好地规划家庭财务吧？

☞ 你说得对，开销确实大了点，但我觉得这些都是必要的投资，以后会带来回报的。当然，我们也可以一起讨论如何更合理地分配资金。

场景 7 丈夫说你不关心他的父母

青铜

☞ 我怎么会不关心他们呢？

王者

☞ 我知道你的父母对你来说非常重要，我同样很在乎他们。如果我之前的行为让你觉得我不够关心他们，我深感抱歉。我会用行动来证明我的诚意。

☞ 亲爱的，我理解你的感受，但我希望你能明白，我一直都很尊重并且关心你的父母。可能我的表达方式不够直接或者明显，让你产生了误解。我以后会更积极地与他们互动，让你感受到我的关心。

场景 8 丈夫说你买的衣服不好看

青铜

☞ 你懂什么。

王者

☞ 亲爱的，可能我的审美和你不太一样，那下次你陪我去逛街，再挑一件你觉得好看的，好不好？

场景 9 妻子说你做的饭特别好吃

青铜

☞谢谢。

王者

☞尊敬的女士，您的赞美是对我最好的鼓励，我会继续努力的，让您每天都吃到美味的饭菜。

☞听你这么说，我有点不好意思了。只要你喜欢吃，我就很开心。

场景10 妻子问给孩子报哪个兴趣班

青铜

☞看孩子喜欢哪个吧。

王者

☞这个问题我们得和孩子一起商量，看看他对哪个兴趣班更感兴趣。毕竟，兴趣是最好的老师。

☞我们可以在周末的时候一起了解一下周围有哪些兴趣班，然后和孩子一起挑选一个他喜欢的。

场景11 妻子说工作上受委屈了

青铜

☞ 大家都一样，忍一忍就过去了。

王者

☞ 亲爱的，职场上难免会有不尽如人意的事，咱们先调整一下心态，看看效果。实在不行，咱就换个工作。我相信以我老婆的能力，到哪儿都是香饽饽。

☞ 亲爱的，别难过，和我说说怎么回事，咱们一起想想办法。要是谁欺负你，我就变成超级英雄去教训他，让他知道我老婆可不是好惹的。

场景12 妻子说你和朋友喝酒太多

青铜

☞ 男人都这样。

王者

☞ 亲爱的，我知道你担心我的身体，以后我会注意。我可不想因为喝酒变肥胖，让你嫌弃。

☞ 我会控制的，不会再让你为我操心，以后多陪你。要是我再喝多，你就把我关在门外，让我睡大街。

场景13 你不陪妻子参加朋友聚会

青铜

☞我和他们不熟。

王者

☞老婆，是我不好，以后只要你需要，我都会陪你参加聚会，融入你的圈子。

☞亲爱的，对不起，以后我会改变自己，陪你一起在朋友面前展现咱们的幸福。

场景14 妻子说想减肥

青铜

☞减什么肥，这样挺好。

王者

☞亲爱的，我支持你，咱们一起制订一个减肥计划，合理饮食加上适量运动。等你瘦下来，走在街上，那回头率一定爆表。

☞老婆，不管你什么样我都爱，但如果你想更漂亮，更自信，那咱们一起努力。不过，你可别瘦得太厉害，风一吹就跑了，我还得去追。

场景15 妻子说做家务太累

青铜

☞那就别做。

王者

☞咱们请个钟点工定期来打扫，那样你就不用累得像个陀螺啦！你就负责貌美如花，我来负责搞定家务。

☞亲爱的，辛苦你啦。以后下班早的话我也加入做家务的行列，我这强壮的肱二头肌可不是白长的，保证把家务做得妥妥的，让你轻松得像只小鸟。

场景16 妻子说想换个大点的房子

青铜

☞现在的房子是有点小。

王者

☞我觉得，现在的房子虽然小了点，但很温馨。当然，如果我们有足够的预算，换个大点的房子也是个不错的选择。

☞这个问题值得考虑。我们可以先列出一个换房的优缺点清单，再根据实际情况做出决定。

场景17 妻子说你不记得结婚纪念日

青铜

☞太忙了，忘了。

王者

☞亲爱的，我会记住这次教训，以后不会再忘记这么重要的日子，一定让你感到幸福。

☞老婆，对不起呀，我太大意了，接下来咱们重新过一个浪漫的纪念日。

场景18 妻子说你不支持她的事业

青铜

☞我没说不支持。

王者

☞老婆，我知道你的事业对你很重要，以后我会积极出谋划策，和你一起努力。

☞亲爱的，对不起，以后我会用实际行动支持你的梦想，让你在事业上取得成功。

父母与孩子要读懂彼此的心

场景 1 父母问你最近工作怎么样

青铜

☞还好，挺忙的。

王者

☞工作确实挺忙的，但我觉得很充实。我每天都在学习新东西，感觉自己在不断成长。你们放心，我会照顾好自己的。

☞工作还算顺利，虽然有时候会遇到挑战，但这也是成长的机会。有爸妈的关心和支持，我会继续努力的。

场景 2 父母催你找对象

青铜

☞ 急什么，缘分还没到呢。

王者

☞ 其实，我已经在积极社交了，也在尝试认识更多的人。你们放心，如果我找到对象，一定会第一时间带来给你们认识。

☞ 我知道你们期待我早日找到另一半，但感情的事急不得。我相信缘分会出现的，到时候一定会把他/她带到你们面前。

场景 3 父母说你花钱大手大脚

青铜

☞ 我自己挣的钱，想怎么花就怎么花。

王者

☞ 爸妈，我知道你们是为我着想，担心我存不下钱。以后我会注意规划开支，该省的地方一定省。

☞ 亲爱的爸妈，让你们担心了。可能我有时候没控制好，但我也在努力学习理财，让钱花得更有价值。

场景 4 父母说你应该多回家看看

青铜

☞ 我工作忙，没时间。

王者

☞ 爸妈，我知道你们想我，我也很想你们。以后我尽量安排好时间，多回来陪陪你们。

☞ 亲爱的爸妈，对不起，我让你们觉得孤单了。我工作确实比较忙，但心里一直记挂着家。我争取做好工作，一有机会就回来，咱们好好团聚。

场景 5 父母说你应该考公务员

青铜

☞ 我不想考，没兴趣。

王者

☞ 爸妈，我理解你们的想法，你们觉得公务员稳定。但是，我有自己的兴趣方向和职业规划，我会努力做出成绩让你们放心的。

场景6 父母拿你跟别人比较

青铜

☞他/她有什么好的，别总拿我跟别人比。

王者

☞我理解你们希望我能向优秀的人学习，不断提升自己。但我也希望你们能理解，每个人都有自己的优点和特色，我也在努力追求自己的目标和梦想。请相信我，我会按照自己的步伐，不断成长和进步的。

☞我明白你们的想法，你们希望我能够更上一层楼。但每个人都是独一无二的，我们应该把注意力放在自己身上。我会专注于自己的成长，努力追求我认为重要的东西。

场景7 父母说你应该学习做饭

青铜

☞在外面吃方便，不想学。

王者

☞爸妈，我知道会做饭是一项生活技能，以后我会抽时间学的，这样也能照顾好自己。

☞亲爱的爸妈，你们说得对，学会做饭能给自己更多选择，我会努力去学的。

☞ 谢谢你们的提醒，我会慢慢学，以后也给你们露一手。

场景 8 父母提醒你别总熬夜

青铜

☞ 我习惯了，没事的。

王者

☞ 我理解你们的担心，以后我会控制自己，不再熬夜，养成良好的睡眠习惯。

☞ 我知道熬夜不好，我会注意调整作息时间，早睡早起，保证有个健康的身体，不让你们操心。

场景 9 父母说你应该存钱买房

青铜

☞ 房价太高，买不起。

王者

☞ 我知道买房是大事，虽然现在有困难，但我会努力存钱，为未来做打算。

☞ 爸妈，我明白你们的期望，我会努力工作，制订存钱计划，积攒买房的资金，争取早日实现买房的目标，给自己一个稳定的家，不让你们操心。

场景10 父母在你面前批评你的伴侣

青铜

☞你们别乱说。

王者

☞爸妈，我知道你们是为我好，但其实他/她也有很多优点，可能这次让你们产生了误解，以后我们会多注意的。

☞可能你们看到的只是一面，他/她平时对我挺好的，我们之间的相处也有自己的方式，希望你们能多理解和包容。

场景11 父母说该管一管另一半

青铜

☞他/她有自己的生活，我也不能总是管着他/她。

王者

☞我理解你们的担忧，但每个人都有自己的生活方式和兴趣爱好。我会和他/她沟通，但也会尊重他/她的选择和决定。

☞我会和他/她好好谈谈的，但我认为适当的社交和娱乐对他/她的身心健康是有益的。我们会找到一个平衡点的。

☞ 感谢你们的关心。我会关注他/她的生活，但也会给予他/她一定的自由和空间。我相信他/她能够处理好自己的事情。

场景12 父母催你早点儿要孩子

青铜

☞ 我们还没准备好。

王者

☞ 我们理解你们想要抱孙子的愿望，但生孩子是一件大事，我们有自己的计划和想法。我们希望能够给孩子一个稳定、幸福的成长环境，所以会在适当的时候做出决定。

场景13 父母说你不帮忙照顾亲戚

青铜

☞ 我自己的事还顾不过来，哪有时间和钱。

王者

☞ 我知道照顾亲戚很重要，但我也有自己的工作和家庭要照顾，有时候真的分身乏术，希望你们能理解。

☞ 真是不好意思，不是我不愿意帮忙，只是我能力有限，怕照顾不好亲戚反而给你们添麻烦。

场景14 父母说你不会带孩子

青铜

☞那你们来带，我还不想管呢。

王者

☞我知道你们经验丰富，可现在的育儿观念和以前的有些不同，我也在摸索适合孩子的方式，咱们可以一起交流。

☞带孩子的方法可能因人而异，我也在不断学习和改进。我可能有些地方做得不够好，但我是真心为孩子好，以后还得向你们多请教呢。

场景15 父母说你不做家务

青铜

☞我上班已经够累了，没力气做。

王者

☞工作一天回来真的很疲惫，不过我也知道家务不能全靠你们，以后我会调整自己，多分担一些的。

☞我知道你们希望家里井井有条，我也在努力做到这一点。但请你们理解，我也有自己的工作和兴趣，我会在力所能及的情况内做好家务。

场景16 婆婆说你不尊重她的意见

青铜

☞您的意见不一定对，我有自己的想法。

王者

☞我不是不尊重您，只是时代在变化，有些观念不太一样。但我愿意倾听您的想法，综合考虑做出决定。

☞非常抱歉让您有这样的感觉，可能我在表达自己的想法时没有充分考虑到您的感受，我以后会注意。

场景17 婆婆说你总买新衣服

青铜

☞我买衣服花的是自己的钱，您别管。

王者

☞现在年轻人都比较注重形象，我买新衣服也是为了在一些场合穿着得体，我才能更自信地面对工作和生活，而且我也会注意控制预算的。

☞时代不同了，买新衣服也是一种正常的消费。我会合理安排开支，保证家庭的经济不受影响，您别太担心。

温馨而又智慧地与亲戚相处

场景 1 亲戚打听你的工资多少

青铜

☞还可以，够生活。

王者

☞工资嘛，还算过得去，能够维持我和家人的生活。不过，我更看重的是工作的成长性和满足感，这些对我来说更有价值。

☞工资这个问题比较私人化，我不太方便透露。但我可以告诉你，我对目前的工作很满意，它给了我很多学习的机会。

场景2 亲戚询问你是否买房

青铜

☞还没买。

王者

☞谢谢您的关心。我认为买房需要谨慎考虑，毕竟那是一笔不小的支出。

☞买房这件事情确实在考虑中，但目前我更想先投资自己的大脑和技能，为未来打下更坚实的基础。

场景3 亲戚说你住的房子太小

青铜

☞小不小关您什么事。

王者

☞房子大小不重要，关键是住得温馨、家庭和睦，我们觉得很满足。

☞谢谢您的关心，房子虽然不大，但也是我们温暖的小窝，而且以后条件好了可以再换嘛。

场景4 亲戚说你的孩子成绩不好

青铜

☞ 我孩子的成绩怎么样用不着您说。

王者

☞ 孩子还小，成绩有起伏很正常，我们正在一起想办法提高，您就别操心啦。

☞ 每个孩子都有自己的成长节奏，我们对孩子有信心。

☞ 谢谢您的关注，孩子的学习我们会重视的，我们也在努力帮助他/她找到适合自己的学习方法。

场景5 亲戚说你不孝顺父母

青铜

☞ 您别胡说八道。

王者

☞ 孝顺父母的方式有很多种，可能您不太了解我们家的情况，我一直在努力尽孝。

☞ 谢谢您的提醒，可能有些地方我做得还不够好，尤其是工作的原因，我不能总是陪在父母身边，但我对父母的爱是真心的。父母的生活让您费心了。

场景 6 亲戚推荐你买理财产品

青铜

☞ 我的钱我知道怎么安排，不用您操心。

王者

☞ 谢谢您的建议，理财方式有很多种，我会根据风险、自己的承受能力和财务状况来选择的。

☞ 我对理财产品有自己的研究和考虑，让您费心了。为了确保资金的安全和增值，我已经做了其他安排。

场景 7 亲戚对你的伴侣评头论足

青铜

☞ 他/她挺好的。

王者

☞ 谢谢您的关注。每个人都有自己的优点和吸引力，我认为评价一个人不能仅仅基于外表或某些表面的因素。我的伴侣有很多值得我学习和欣赏的地方。

☞ 伴侣的选择是个人的事情，我选择了我的伴侣是因为他/她让我感到幸福和满足，这是最重要的。

场景8 亲戚对你选择的职业表示不解

青铜

☞这是我喜欢的工作。

王者

☞每个人的兴趣和天赋都不同，我选择这个职业是因为它符合我的特长和发展方向。我相信自己能够在这个领域取得成就。

☞职业的选择应该基于自己的兴趣和热情。我之所以选择这个职业，是因为它让我充满激情和动力，我会全力以赴做好它。

场景9 亲戚为你提供了很大的帮助

青铜

☞谢谢您帮了我这么大忙。

王者

☞这次要是没有您的大力帮助，我都不知道该怎么办了，这份恩情我一定铭记在心，以后只要您需要，我定当全力以赴。

☞真心感谢您的援手，您的善良和热心让我倍感温暖，这不仅仅是一份实质性的帮助，更是对我精神上的巨大支持。

场景10 亲戚感谢你对他们的帮助

青铜

☞ 没什么，应该的。

王者

☞ 亲戚之间互相帮忙是应该的，能帮到你们我也很开心，别这么客气。

☞ 您太见外了，都是一家人，能为你们做点事，我心里也踏实。

☞ 别这么说，看到事情圆满解决，你们也因此过得更好，我觉得一切都值得。

打造家庭沟通的黄金法则

家庭，是每个人心灵的港湾，有效的沟通则是维系家庭和谐、增进亲情的重要桥梁。在家庭生活中，掌握有效的沟通方法至关重要。

法则一：积极倾听，是家庭沟通中不可或缺的一环

在繁忙的生活中，我们常常急于表达自己的观点和感受，却忽略了倾听的重要性。然而，真正的沟通是双向的，只有用心倾听对方的话语，我们才能走进彼此的内心世界。想象一下，当工作遭遇瓶颈的妻子向丈夫倾诉职场的压力，丈夫却只顾着玩手机，妻子会感到多么失落。相反，如果丈夫能放下手机，给妻子一个温暖的拥抱，耐心倾听她的烦恼，那么夫妻之间的关系将会更加亲密。

法则二：清晰表达同样关键

在家庭中，由于成员之间的熟悉和亲密，我们有时会认为对方能够理解自己的未竟之言，从而导致信息传达不准确，引发误解。因此，在沟通时，我们应当尽量避免模糊、含混的表达，要用简洁、准确的语言表达自己的想法和感受。例如，父母希望孩子帮忙做家务，不能说“你能不能帮忙做点事”，而应该具体地说“你能帮忙把客厅的地扫一下吗”；夫妻之间讨论家庭财务规划，不能说“我们要节省开支”，而应该明确地说“我们这个月在餐饮方面的支出要控制在 1 500 元以内”。

法则三：尊重和理解是家庭沟通的核心

家庭成员之间由于年龄、性格、经历等方面的差异，对事物的看法和感受往往不同。在沟通中，我们要尊重这些差异，不要试图将自己的观点强加给对方，应努力站在对方的角度去理解他们的想法和感受。例如，孩子喜欢动漫，父母可能不太理解，但不应该一味地否定和批评，而应该尝试了解孩子喜欢的原因；老人习惯节俭，年轻人喜欢消费，双方都应该尊重彼此的生活方式，而不是互相指责。

法则四：保持平和的语气和态度，能让沟通在温馨的氛围中进行

在面对家庭矛盾和冲突时，我们很容易被情绪左右，说出一些伤人的话，做出一些冲动的事。然而，这样的行为不仅不能解决问题，反而会加剧矛盾。因此，我们要学会在沟通中控制自己的情绪，保持冷静和理智。当情绪激动时，可以先暂时离开现场，等情绪平复后再进行沟通。

法则五：选择恰当的沟通方式和时机不容忽视

不同的沟通方式和时机可能会产生不同的效果。例如，对于一些重要的家庭决策，适合召开家庭会议，让每个成员都有机会发表自己的意见；对于一些敏感的话题，可以选择在轻松、私密的环境中进行沟通；对于一些紧急的事情，需要及时沟通，避免拖延导致问题恶化。

法则六：肢体语言有时比言语更具感染力

一个温暖的拥抱、一个鼓励的眼神，都能传递关爱与支持。当遇到挫折时，父母轻拍你的肩膀，胜过千言万语的安慰。

法则七：分享感受而非一味指责，能让沟通更具建设性

以“我”的感受为出发点，如“我感到很担心，因为你最近总是熬夜”，这种方式能让对方更容易接受，从而促进问题的解决。

法则八：适当的妥协与让步是必要的

没有绝对的对与错，为了家庭的和谐，各方都应在坚持原则的基础上做出一定的妥协。

家庭沟通的有效方法并非高深莫测的技巧，而是源于真心、关爱和尊重。当我们用心去倾听、真诚去表达、相互理解与包容时，家庭这处港湾将充满温暖与幸福，成为我们永远的心灵依托。在未来的日子里，愿我们都能在家庭沟通中不断成长和进步，让家庭成为我们永远的避风港，无论外面的世界如何风雨飘摇，我们都能在这里找到安慰和力量。让我们携手共进，用有效的沟通为家庭注入源源不断的活力和幸福，让家庭之花永远绽放光彩！

第二章

高情商回话，让职场沟通不尴尬

职场沟通中的谈话技巧

这次项目的进度怎么这么慢?

老板，这次确实遇到了一些意外情况，供应商延迟了材料供应，但我们已经在加班加点赶进度，预计能在规定时间内完成。

我这边忙不过来了，你能帮我一下吗?

行，不过我得先把手头这点紧急的事处理完，大概半小时后过来帮你。

你们这个方案怎么和我预期的不太一样?

不好意思，我们基于对市场和行业的最新研究做出了调整，这样能更好地满足您长期的需求，而且在成本控制上也更有优势。

职场沟通的特点与挑战

职场沟通是每一个职场人都必须面对的，它不仅涉及工作任务的传达与执行，更关乎团队协作的效率和企业文化的塑造。在实际工作中，职场沟通具有一定的独特性，也面临着诸多挑战。

职场沟通的特点

1. 正式性与非正式性并存： 职场沟通既存在于正式的会议、报告等场合，也发生在非正式的闲聊、午餐交流等过程中。正式性沟通通常围绕与工作相关的主题展开，需要使用专业术语和规范的语言表达，以确保信息的准确性和清晰度。例如，在医疗行业，医生之间交流患者的病情时，会使用特定的医学术语和诊断标准。非正式性沟通往往随意、轻松。

2. 目的明确： 职场中的每一次沟通都有明确的目的。例如，项目团队成员定期召开会议，明确项目的阶段目标和任务分工。

3. 多向性： 职场沟通包括上下级之间的纵向交流、同事之间的横向沟通，以及与外部合作伙伴的沟通。在组织结构中，上下级之间的沟通，是职场沟通的常态。同时，团队成员之间也需要平等、有效的沟通，以确保工作的顺利进行。例如，市场营销部门要与研发部门沟通产品特点，与售后部门协调产品售后问题，同时与客户保持密切联系。

4. 受组织文化影响： 不同的组织具有不同的文化和价值观，这会影响沟通的方式和风格。在一些强调创新和开放的企业中，沟通可能更加自由和灵活；而在传统的层级分明的组织中，沟通可能较为正式和保守。

职场沟通面临的挑战

1. 语言和文化差异：随着全球化的发展，越来越多的企业跨地域经营，员工来自不同的国家和地区，语言和文化的差异成为沟通的障碍。例如，在跨国公司中，语言表达习惯和文化背景的不同，可能导致人们对同一信息的理解偏差。

2. 信息过载：在数字化时代，人们每天接收大量的信息，很容易导致重要的信息被淹没，增加沟通的难度。员工可能会因过多的邮件、会议和即时通信而感到疲惫，无法有效地筛选和处理关键信息。

3. 技术变革带来的影响：新的沟通技术不断涌现，如视频会议、社交媒体等，这些虽然提高了沟通的便捷性，但也带来了一些问题。例如，视频会议可能会因为网络问题而出现卡顿、画面不清晰等问题，从而影响沟通效果；社交媒体上的信息传播迅速，但真实性和可靠性难以保证。

4. 情绪和人际关系的影响：在职场中，个人的情绪和人际关系也会对沟通产生影响。在高压的工作环境中，员工之间可能会因为一些小摩擦而产生情绪化的争执，导致沟通不畅甚至关系恶化，这不仅影响工作效率，还可能破坏团队氛围。

5. 保密和隐私问题：在涉及商业机密和个人隐私的情况下，如何确保沟通的安全性和保密性是一个挑战。一旦信息被泄露，可能会给企业带来严重的损失。

应对职场沟通挑战的策略

1. 提高语言能力： 通过参加语言课程、阅读专业书籍和练习口语表达来提高语言能力，以适应不同语言环境下的沟通需求。

2. 合理运用沟通方式： 根据沟通的目的和对象选择合适的沟通方式，提前做好准备，确保沟通的顺利进行。例如，重要的商务谈判适合面对面交流，而日常的工作汇报可以使用电子邮件。

3. 优化信息处理方式： 通过设置邮件过滤规则、定期查看消息等方式来确保重要信息不被遗漏。

4. 提升情绪管理和人际关系处理能力： 学会在沟通中控制自己的情绪，避免情绪化的表达影响沟通效果。同时，也要学会倾听和理解他人的情绪和需求。

职场沟通是一个复杂而重要的环节，它涉及多个方面和多种挑战，我们要清晰地认识到职场沟通的重要性，并在实际工作中有针对性地改进和优化沟通方式，为构建高效、和谐的职场环境奠定基础。

如何回应上司的问话

场景 1 领导安排了一项紧急任务

青铜

☞好的，领导，我马上做。

王者

☞领导，您放心，虽然时间紧迫，但我会迅速理清思路，合理安排时间，保证高质量完成任务。

☞感谢您对我的信任。您把这个紧急任务交给我，我会集中精力，调动一切资源来完成它。

☞接到这项紧急任务，我感到责任重大。我会迅速制订详细计划，明确目标，分解任务，确保每一步都精准高效。请领导放心，我会尽全力交出一份满意的答卷。

☞领导安排的这项紧急任务，既是对我的挑战，也是对我的锻炼。我会把握好这次机会，全力以赴，确保高质量完成任务。同时，我也会注意工作方法和效率，力求在最短的时间内给您一个满意的成果。

场景 2 领导指出你工作中的失误

青铜

☞ 对不起，我下次注意。

王者

☞ 领导，非常抱歉，我给工作带来了不好的影响，我会深刻反思这次的失误，制订改进措施，杜绝再犯。

☞ 您的指正让我认识到了自己的不足，我会立即改正，加强自我检查，提高工作的准确性。

场景 3 领导询问工作进度

青铜

☞ 正在进行中，还需要一些时间。

王者

☞ 领导，工作进展比较顺利，已经完成了关键环节。剩下的部分，我会加快速度，争取提前完成并向您汇报。

☞ 目前按照计划有序推进，已经达到了××阶段，我会持续跟进，确保按时交付满意的成果。

场景4 领导提出新的工作思路

青铜

☞ 好的，我知道了。

王者

☞ 领导，您的这个新思路很有前瞻性和创新性，为我们打开了新的工作局面，我会认真领会并积极落实。

☞ 您的新思路让我深受启发，我会与团队成员一起深入探讨，制订详细的执行方案，努力实现目标。

场景5 领导表扬你的工作成果

青铜

☞ 谢谢领导夸奖。

王者

☞ 领导，能得到您的表扬我特别开心，这都是团队共同努力的结果，也是您悉心指导的功劳。

☞ 感谢您的认可，这给了我很大的鼓励，我会把这份肯定化作动力，在未来的工作中不断超越自我，为团队创造更多的价值。

场景6 领导询问你对某项决策的看法

青铜

☞我觉得还可以。

王者

☞从多个角度考虑，这个决策有其优势和可行性，但可能在某些细节上还需要进一步完善和优化。

☞我非常认同这项决策的大方向，它符合公司的战略目标。不过，在执行过程中，我们可能需要关注一些潜在的风险，并提前做好应对措施。

场景7 领导分配给你额外的工作

青铜

☞行，我尽量。

王者

☞没问题，我会把这份额外的工作当成一次锻炼的机会，合理安排时间，确保不影响其他工作的进度。

☞领导，感谢您对我的信任，我会全力以赴完成这项任务，同时也会注意与其他工作的协调。

场景 8 领导对工作提出更高要求

青铜

☞我知道了，我会努力的。

王者

☞领导，我明白您的高标准和严要求是为了让我工作更加出色，我会不断提升能力，努力突破自己，用更好的成绩来证明自己。

☞感谢您为我设定更高的目标，这会激发我的潜力，我会制订详细的计划，一步步向目标迈进。

场景 9 领导询问你是否能加班完成工作

青铜

☞行吧。

王者

☞领导，为了确保工作顺利完成，我愿意加班，而且我已经做好了充分的准备，保证不耽误进度。

☞领导，我理解项目紧急，目前我手头的工作已安排得相当紧凑，长期加班会影响效率与健康。我希望通过优化工作流程来提高效率，而非单纯加班。感谢您的理解。

场景10 领导对你的方案提出不同意见

青铜

☞好的，那按您说的来。

王者

☞领导，您的意见非常宝贵，让我看到了问题的另一个角度，我会认真思考，按照您的建议进行调整。

☞感谢您及时提出不同意见，让我避免了可能出现的错误，我完全接受您的看法，会立即重新规划，确保工作方向的正确性。

场景11 领导询问项目进度慢的原因

青铜

☞最近有点忙，所以慢了。

王者

☞领导，很抱歉进度稍显缓慢。主要是遇到了一些技术难题，我已经在积极寻找解决方案，会尽快赶上进度。

☞这是我的疏忽。对某些环节的预估不足，导致进度滞后。接下来我会加班加点，保证按时完成。

场景12 领导询问你对工作压力的感受

青铜

☞压力有点大。

王者

☞压力确实存在。但是，我会调整好心态，合理安排工作，将压力转化为动力。

☞领导，感谢您的关心。虽然有压力，但这也说明工作的重要性和挑战性，我会积极应对，不辜负您的期望。

场景13 领导问你“新政策懂了吗？”

青铜

☞大概懂了。

王者

☞领导，我对新政策进行了初步的学习，有了一定的了解。不过，我还需要在实践中进一步领会和把握其精髓。

☞新政策的方向和目标我已经明晰，不过在一些细节上还需要深入研究，后续我会与同事们共同探讨，确保精准落实。

场景14 领导询问你能否承担更多责任

青铜

☞可以试试。

王者

☞能得到承担更多责任的机会，我倍感荣幸。我会以更高的标准要求自己，出色地完成任务。

☞领导，感谢您对我的信任和期待。我非常愿意承担更多的责任，这是提升自己、为公司做更大贡献的好机会。

场景15 领导对你的工作提出细节要求

青铜

☞知道了。

王者

☞感谢您的细心指导，这些细节要求我都记下了，我会在工作中逐一落实，做到尽善尽美。

☞领导，您对细节的关注让我深受启发，我会把每一个细节都处理好，为工作成果增添亮点。

场景16 领导让你对同事工作表现提看法

青铜

☞还不错。

王者

☞××工作态度积极认真，专业能力也比较强，在××项目中表现出色，对团队有很大帮助。

☞××工作责任心强，在面对困难时能主动想办法解决，为工作的顺利推进做出了贡献。

场景17 领导关心你的个人职业发展

青铜

☞还没想好。

王者

☞领导，感谢您的关心。我目前有一些初步的想法，比如在××领域深入学习，提升专业技能，为公司创造更多价值。

☞非常感谢您的关注。我想在现有的基础上，拓展业务范围，积累更多的经验，同时也希望有机会参与重要项目的决策，为未来的职业发展打下坚实的基础。

场景18 领导询问你对工作环境的满意度

青铜

☞我感觉还行吧。

王者

☞整体来说，工作环境很不错，同事们相处融洽，办公设施也比较完善。如果能在××方面有所改善，就更完美了。

☞领导，我对目前的工作环境比较满意，团队氛围积极向上，工作起来很舒心。要是能增加一些××（具体设施或福利），那就更好了。

场景19 领导询问你对公司福利的看法

青铜

☞还可以。

王者

☞领导，目前公司福利挺好的，在很大程度上满足了我们的需求。但如果能提供更多与职业发展相关的福利，比如提供专业证书补贴或者进修机会，会更有助于我们的个人成长和公司的长期发展。

场景20 领导提出跨部门合作的需求

青铜

☞可以。

王者

☞跨部门合作能够整合资源，提高工作效率，我非常赞同。在合作过程中，我会尊重其他部门的意见和建议，建立良好的合作关系，共同解决问题，实现目标。

场景21 领导安排参加培训课程

青铜

☞好的。

王者

☞感谢您为我安排这次培训，我会认真学习，提升自己的能力，将所学知识运用到工作中，为团队做出更大的贡献。

☞我深知这次培训的重要性，一定会全情投入，积极与讲师和同学交流，带回有价值的经验。

☞非常感激您给予的培训机会。我会珍惜这次学习的机会，努力吸收新知识，不辜负您的期望。

场景22 领导询问你能否接受临时工作调动

青铜

☞能接受。

王者

☞我明白这次调动对于公司整体运营的重要性。我会以大局为重，尽力配合公司的安排。同时，我也会抓住这次机会，拓展自己的能力边界，为公司创造更多价值。

☞虽然临时工作调动会带来一些挑战，但我愿意积极适应新环境，全力以赴完成新任务。

场景23 领导询问你是否需要帮助

青铜

☞谢谢领导，我暂时不需要帮助。

王者

☞非常感谢您的关心，目前我的工作进展还算顺利。如果遇到困难，我会及时向您请教和寻求帮助。

☞谢谢您的询问，您的支持和帮助对我来说非常重要。目前，我能够应对工作中的挑战，若未来有需要，我会第一时间向您求助，再次感谢您的关怀。

场景24 领导对工作中的团队协作效果质疑

青铜

☞的确不太好。

王者

☞目前团队协作在某些方面确实存在不足，比如沟通不够及时、分工不够明确，导致效率有所降低，但我们会立即改进。

☞您说得很对，团队协作还不够理想。接下来，我们会加强团队建设，组织更多的沟通交流活动，明确各自的职责，提高协作效率。

场景25 领导提出要加强与客户的沟通

青铜

☞好的，我会加强沟通的。

王者

☞领导，我明白加强与客户沟通的重要性。我会增加与客户联系的频率，主动了解他们的需求和意见，提升客户满意度。

☞领导，我会积极响应您的要求，注重与客户沟通的方法和技巧，传递公司的价值和优势，增强客户对我们的信任。

让你的话语更有力量

场景 1 同事请求你帮忙完成一项工作

青铜

☞ 我现在有点忙，可能帮不了你。

王者

☞ 我真的很想帮你，可我现在被自己的任务压得喘不过气来。要不你先试着自己做一部分，遇到难题我们再一起想办法，可以吗？

☞ 亲爱的，我这边也忙得不可开交，实在抽不开身。但我可以给你一些建议，或者等我忙完这阵再帮你，你看行吗？

☞ 我手头上的工作也挺多的，但我会在能力范围内帮你分担一部分。咱们是一个团队的，等我把紧急的事处理完，一定全力支持你。

☞ 当然可以，我很乐意帮忙。在工作中互相帮助，才能共同进步。我会认真对待这项任务，尽我所能做到最好。如果工作过程中遇到任何困难，我会及时向你反馈，并一起寻找解决的办法。让我们一起加油吧！

场景 2 同事质疑你的工作

青铜

☞ 你懂什么，别乱说。

王者

☞ 非常感谢你能提出不同的看法。可能我们的角度不太一样，我来给你详细阐述一下我的思路，咱们一起探讨探讨。

☞ 谢谢你的关注和质疑，这让我有机会重新审视自己的工作。也许我有些地方没有考虑周全，咱们一起交流交流，争取找到更好的方案。

场景 3 同事提出创新想法

青铜

☞ 这个想法不错。

王者

☞ 你的想法真是太有创意了！我非常期待它变为现实的那一天。

☞ 真是个天才般的想法！我相信这一定能为我们团队带来新的突破。

☞ 我为你的创新思维深深折服，希望我们能一起把它付诸实践。

场景 4 同事向你抱怨工作压力大

青铜

☞ 大家都一样，忍忍吧！

王者

☞ 压力大是难免的，不过咱们可以适当调整一下心态。比如工作之余做点自己喜欢的事放松放松，说不定会好一些。

☞ 我能理解你的感受，最近工作任务确实很繁重。咱们一起想想办法，比如重新规划一下工作流程，或者争取一些资源支持，看能不能减轻点负担。

场景 5 同事向你请教技术问题

青铜

☞ 你自己去查查资料吧。

王者

☞ 别着急，这个问题我给你详细说一说。不过，以后遇到类似的情况，你也可以先查阅相关资料，那样印象会更深刻。

☞ 我很乐意给你讲解，咱们一起探讨，说不定还能碰撞出更多的灵感，让工作更出色。

场景 6 同事因工作失误向你道歉

青铜

☞ 知道错了就行，下次避免。

王者

☞ 别太自责，人都有犯错的时候。咱们赶紧想想怎么弥补，以后避免再犯同样的错误，这也是一次成长的机会。

☞ 别太放在心上，谁都有疏忽的时候。咱们赶紧想办法解决，然后一起分析原因、总结经验，以后肯定不能再出现这样的问题了。

场景 7 同事分享工作中的成就

青铜

☞ 恭喜你，取得了这么好的成绩！

王者

☞ 真厉害！你的付出终于有了回报，你给大家树立了榜样，继续加油，相信你以后会取得更大的成就。

☞ 太好了！你的成就让我们整个团队都感到骄傲，你的经验和方法值得我们学习。

场景8 同事邀请你参加聚会

青铜

☞我不想去。

王者

☞亲爱的，很感谢你的邀请，不过我已经有其他安排了，下次一定参加，祝你们玩得开心！

☞谢谢你想着我，可我这阵子身体不太舒服，想休息休息。你们好好玩，等我身体恢复了咱们再约。

☞我特别想去，但是最近家里有点事走不开，实在不好意思。下次有机会一定和大家一起聚。

场景9 同事向你借东西

青铜

☞我自己要用，不能借你。

王者

☞不好意思呀，我现在正用着呢，等我用完马上给你，你看行吗？或者你问问其他人有没有。

☞真不巧，我接下来马上得用，要不咱们一起想想其他替代方案，看能不能解决你的需求。

场景10 同事对你的工作成果提出改进建议

青铜

☞ 我好不容易才做完，不想再改了。

王者

☞ 谢谢你提出这么宝贵的意见，当局者迷，你的提醒让我豁然开朗，我会好好改进的。

☞ 真心感谢你的直言，这对我很有帮助。我会认真考虑，把工作做得更完美。

场景11 同事询问你对他的新方案的看法

青铜

☞ 还可以吧。

王者

☞ 我觉得这个方案有很大的可行性，思路很清晰。如果能在×××方面再做一些优化，效果可能会更好。

☞ 新方案挺不错的，方向正确，还有一些创新的点。要是能结合×××因素进一步拓展，就更完美了，你觉得呢?

场景12 同事向你抱怨领导分配任务不公平

青铜

☞别发牢骚了，有什么用。

王者

☞可能领导有他的考虑，咱们先不要着急抱怨。把工作做到位，也许后面会有更好的安排。

☞我能理解你的感受，不过抱怨也解决不了问题呀，咱们先把眼前的任务完成好，再找个合适的机会跟领导沟通一下，你觉得怎么样？

场景13 同事向你请教职业发展规划

青铜

☞我也很迷茫。

王者

☞职业发展规划是个很重要的问题，我先跟你分享一下我的一些想法，不过仅供参考哦。你可以结合自己的兴趣和优势，制订适合自己的目标。

☞这方面我也在不断探索，不过我觉得首先要明确自己的职业兴趣，然后提升相关的技能，多积累经验，你觉得呢？

场景14 同事打听你的工资

青铜

☞这是隐私，不方便说。

王者

☞公司有规定不能讨论工资呢，咱们还是多聊聊工作的经验和收获，这对咱们更有帮助。

☞工资属于个人隐私啦，咱们还是把精力放在怎么提升工作能力上，这样收入自然会提高的。

场景15 同事放话要与你竞争同一个项目

青铜

☞我肯定比你强。

王者

☞很期待和你在这个项目上一较高下，相信这会成为一次精彩的较量，也希望我们都能有所收获。

☞竞争能激发我们的潜力，让我们都拿出最好的方案，不管结果如何，过程中的成长才是最重要的。

场景16 同事对你的穿着打扮发表负面评价

青铜

☞关你什么事！

王者

☞谢谢你的评价，不过穿着打扮是很个性化的选择，就像我们在工作中各有风格一样，咱们还是以工作表现为重。

☞每个人的审美标准都不一样呀，也许你不太喜欢我今天的风格，但这是我自己喜欢的搭配。咱们还是把精力放在工作上，争取做出更好的成绩。

场景17 同事邀请你一起加班完成任务

青铜

☞我不想加班。

王者

☞亲爱的，真心感谢你的邀请。但我今天已经安排了很重要的个人事务，实在无法加班。不过，我会在明天尽早处理好工作，保证不影响工作整体进度。

☞非常感激你想着我，只是我今天身体有些疲惫，状态不太好，加班可能效率不高。但我会在后续工作中全力配合，确保任务顺利完成。

场景18 同事向你倾诉工作中的烦恼

青铜

☞别烦我，我也烦着呢。

王者

☞别太焦虑，把烦恼说出来就已经是一种释放了。咱们共同分析一下，看看能不能找到排解烦恼的好办法。

☞工作中的烦恼大家都会有，也许换个角度看问题，就会发现情况其实没有那么糟糕。

场景19 同事对你负责的工作过多干涉

青铜

☞别插手我的事。

王者

☞我知道你是为了工作好，但我对这块比较熟悉，有自己的处理方式，我会按照自己的节奏把工作做好的。

☞谢谢你的热情，不过这个工作我心里有数，过多的干涉可能会影响效率，咱们还是各司其职吧。

场景20 同事询问你对新同事的看法

青铜

☞还可以，不过也没什么特别的。

王者

☞新同事给人的第一印象挺积极主动的，态度很端正。目前，他可能还在适应阶段，需要一些时间来熟悉工作流程。

☞新同事感觉挺友善的，也有学习的劲头儿，相信在大家的帮助下，能很快融入团队，为工作带来新的活力。

场景21 同事向你请教如何与领导沟通

青铜

☞我也不知道，你自己琢磨吧。

王者

☞我认为关键是建立良好的信任关系，及时汇报工作进度，遇到问题先提出自己的解决方案再请教领导。多观察，多学习，你会找到适合自己的方式。

☞这确实是个需要技巧的事情。我觉得首先要保持尊重和谦逊，清晰地表达自己的想法，同时注意倾听领导的意见。

场景22 同事在办公室跟你讲八卦

青铜

☞别乱讲，专心工作。

王者

☞咱们还是多聊聊工作吧，毕竟这里是办公室，是认真工作的地方。八卦虽然有趣，但可能会影响工作氛围哦。

☞讲八卦不太合适哦，万一传出去对大家都不好，咱们应该把精力放在工作上，争取早点完成任务。

让客户与你无话不谈

场景 1 客户提出产品价格过高

青铜

☞ 这已经是最优惠的价格了。

王者

☞ 我理解您对预算的考量。我们的产品在品质、性能和服务方面都有很大的优势，这个价格是综合考虑了各方面成本和价值制定的。不过，我可以为您看看有没有适合的优惠或者套餐活动。

☞ 价格确实是一个重要的考虑因素。我们的产品之所以这个价格，是因为采用了优质的材料和先进的技术，能够为您带来更长久的使用价值和更好的体验。要不我给您详细介绍一下产品的特点，让您更清楚它的价值所在？

☞ 价格可能让您有些顾虑。但是，我们的产品是经过精心研发和严格测试的，质量有保障。除此之外，我们提供完善的售后服务，让您没有后顾之忧。要不这样，我跟领导申请一下，看能不能给您一个特别的折扣？

场景 2　客户询问能否定制特殊规格

青铜

☞抱歉，不能。

王者

☞定制特殊规格有一定的难度，不过我会和生产部门沟通协调，看看能否为您破例安排。请您稍等，我会尽快给您回复。

☞通常我们不提供特殊规格的定制，但您的需求很特别，我会尽力帮您争取。这可能需要一些时间来确定，还请您理解。

场景 3　客户抱怨发货速度慢

青铜

☞已经发了。

王者

☞非常抱歉，我会立即和售后部门沟通并查找原因，尽快解决发货慢的问题。请您放心，我一定会给您一个满意的交代。

☞非常抱歉，让您久等了。可能是物流环节出现了一些延迟，我马上帮您查询最新的物流信息，并催促他们加快速度。

场景 4 客户询问产品与竞品的区别

青铜

☞ 肯定是我们的质量更好。

王者

☞ 与同类产品相比，我们的产品注重细节和品质。从原材料的筛选到生产过程的监控，都严格把关，以确保为您提供更可靠、更耐用的产品。

☞ 我们的产品选用了更优质的材料，工艺更加精细，而且在售后服务方面也更加完善，让您没有后顾之忧。

场景 5 客户咨询产品的保养方法

青铜

☞ 您看说明书就可以了。

王者

☞ 首先，要避免碰撞和划伤，定期清洁表面的灰尘和污渍。使用时注意环境的温度和湿度，这样能延长产品的使用寿命。

☞ 为了让产品保持良好的状态，您需要注意以下几点：×××××。如果您有任何疑问，随时联系我。

场景 6 客户说产品使用起来不方便

青铜

☞不会啊，您适应一下就好了。

王者

☞得到您的反馈，我们很重视。我们会立即对产品的使用体验进行评估和优化，同时为您提供更详细的使用指南，帮助您更好地使用产品。

☞非常抱歉，因为产品使用的问题而让您感到困扰。可能是您还没有完全掌握使用方法，我来为您详细介绍一下，相信会让您有新的体验。

场景 7 客户要求赠送配件

青铜

☞很抱歉，这个真给不了。

王者

☞目前我们没有赠送配件的活动，不过我可以为您申请一个小礼品，以表达我们对您的感谢和关注。您看可以吗？

☞很抱歉，我不能直接满足您赠送配件的要求，但我会在您购买产品后，为您提供一些专属的售后服务，让您没有后顾之忧。

场景 8 客户询问能否延迟付款

青铜

☞ 我们有规定，这绝对不行。

王者

☞ 正常情况下是不允许延迟付款的，但我知道，您是我们的重要客户，我会尽力和财务部门沟通协调，争取给您一个可行的方案，还请您稍等。

☞ 延迟付款会有些棘手，但我愿意为您努力尝试，只是可能需要您提供一些相关的证明或担保，您看这样可以吗？

场景 9 客户说竞品比我们的产品好

青铜

☞ 那你去买他们的吧。

王者

☞ 我知道您说的那款产品，确实有吸引人的地方，但我们一直致力于为客户提供更优质的产品和更全面的服务。我可以为您详细介绍一下我们这款产品的优势，帮助您做出更明智的选择。

场景10 客户质疑产品的包装损坏问题

青铜

☞运输途中造成的，不关我们的事。

王者

☞非常抱歉。产品包装在运输过程中出现了损坏，这是我们都不愿意看到的。我们会立即与物流公司沟通，同时为您安排更换包装或者提供相应的补偿，一定给您一个满意的解决方案。

☞真的对不起，包装损坏是我们的疏忽。我们会马上采取措施，一方面加强对物流的监管，另一方面为您解决当前的问题。希望您能给我们一个弥补的机会。

场景11 客户咨询购买多件产品是否有优惠套餐

青铜

☞目前没有这方面的活动。

王者

☞很抱歉，现在没有固定的多件购买优惠套餐。但您能考虑批量购买，是对我们的信任和支持，我会努力为您争取更多的福利和优惠，感谢您的关注。

场景12 客户对产品的试用提出请求

青铜

☞ 不可以。

王者

☞ 由于公司政策的限制，一般不能先试用。请您放心，我们对产品的质量有足够的信心。您购买后如果不满意，在规定时间内是可以退货的，这样也能让您没有后顾之忧。

☞ 通常我们没有先试用的服务，不过我可以向领导申请一下特殊情况的处理。您稍等，我尽快给您回复。

场景13 客户对产品颜色不满意

青铜

☞ 现在只有这几种颜色。

王者

☞ 理解您对颜色的期望，虽然不能直接更改，但我们后续会考虑增加更多颜色的选择。

☞ 颜色的问题确实有点棘手，要不您先使用一段时间，说不定会慢慢喜欢上新的颜色。

场景14 客户说产品不符合预期想要换货

青铜

☞可以，你自己承担运费。

王者

☞很抱歉，产品没有达到您的预期。换货过程中产生的运费，是由客户自己承担的，还请您知悉。

☞换货的话，关于运费我们会根据具体情况来处理。如果是我们的责任，运费当然不会让您出；如果不是我们的责任，咱们也可以商量一个合理的分担方式。

场景15 客户要求退货

青铜

☞好的，请按照我们的退货流程操作。

王者

☞听到您对我们的产品不满意，我们深表歉意。我们会尽快处理您的退货请求，并确保您的权益得到保障。

☞您的满意是我们最大的追求，如果您需要退货，我们会提供详细的退货指南，并确保整个过程顺畅无阻。

场景16 客户说产品的价格波动大

青铜

☞市场就这样。

王者

☞价格波动是行业普遍存在的现象。我们会加强市场监测和价格管理，在可能的情况下为您提供一些价格保护措施或者优惠活动。

☞价格波动确实会给您带来不好的体验。这主要是受到市场供求关系和原材料成本等因素的影响。我们会努力稳定价格，为您提供更可靠的购买体验。

场景17 客户抱怨售后服务响应慢

青铜

☞最近比较忙，人手不够。

王者

☞对不起。我们已经意识到售后响应慢的问题，正在积极采取措施解决。我们会增加资源投入，建立更高效的沟通机制，保证以后为您提供更迅速、更优质的服务。

场景18 客户提出产品功能不够强大

青铜

☞这已经很不错了。

王者

☞感谢您对我们的产品功能提出更高的要求，这说明您对我们的产品有所期待。我们一直在努力提升产品的性能，我们会把您的想法作为重要参考，不断优化和完善功能，以满足您和更多消费者的需求。

☞很感谢您指我们出产品功能的不足。我们深知，只有不断进步才能赢得您的长久支持。目前，我们的团队正在研究新的技术和方案，以增强产品的功能，希望能为您带来更多惊喜。

场景19 客户表示对产品不感兴趣

青铜

☞那就算了。

王者

☞我们的产品暂时没有吸引到您，或许是我没有介绍清楚它的独特之处。您方便和我说说您的需求和期望吗？说不定我能为您找到更适合的产品或者服务。

场景20 客户提出再考虑一下

青铜

☞行，那您考虑吧。

王者

☞没问题的，慎重考虑是应该的。我猜您可能还有些细节上的担忧，要不您和我说一说，我再给您详细地解释一下，帮助您更清晰地做决定。

☞完全理解您想要再考虑一下，毕竟这是一个重要的决定。您在考虑的过程中，如果有任何疑问或者需要更多的信息，可以随时联系我，我会一直为您服务。

场景21 客户询问产品的市场占有率

青铜

☞还不错。

王者

☞我们的产品在市场上的占有率虽然不是最高的，但一直在稳步增长。这得益于广大客户的支持和信任，以及我们不断提升产品质量和服务水平所做的努力。

征服面试官的从容应对之法

场景 1 请介绍一下你自己

青铜

☞ 我叫××，毕业于××学校，专业是××，工作经验××年。

王者

☞ 您好，我是××。我毕业于××学校××专业。在校期间，我不仅专注于学业，还积极参与各种社团活动，锻炼了自己的沟通能力和团队协作能力。毕业后，我在××领域积累了一定的实践经验，让我对行业有了更深入的了解。我渴望在新的平台上继续成长，贡献自己的力量。

☞ 您好，我叫××。我来自××学校××专业。在学习过程中，我始终保持对知识的渴望和探索精神，多次获得奖学金。同时，我还利用课余时间参加社会实践，培养了解决问题的能力，提升了职业素养。我相信这些经历能为我在贵公司的工作带来帮助。

☞ 您好，我是××。我毕业于××学校××专业。在校期间，我通过参与项目和研究，培养了严谨的思维和创新能力。工作后，我不断提升自己，在××方面取得了一定成果。我对贵公司的××岗位充满热情，期待能加入团队，发挥我的优势。

场景2 你为什么选择我们公司？

青铜

☞ 在网上投简历看到的，觉得不错，就想来试一试。

王者

☞ 贵公司在行业内拥有卓越的声誉和广阔的发展前景，创新的理念和技术也深深吸引着我。我渴望能在这样一个充满活力和挑战的环境中提升自己，为公司的发展贡献自己的力量。

☞ 贵公司的企业文化和团队氛围与我的职业追求高度契合。我期待能融入这样一个积极向上、鼓励创新的团队，通过不断学习和努力，实现个人与公司的共同发展。

场景3 谈谈你的优点

青铜

☞ 我做事认真，有责任心。

王者

☞ 我的优点在于做事认真负责，注重细节，这使我在工作中很少出现失误。我还具有很强的学习能力，能够快速适应新的环境和任务。此外，我性格乐观积极，抗压能力强。

场景4 说说你的缺点

青铜

☞ 我有时候会有点粗心。

王者

☞ 我意识到自己有时候在面对紧急任务时，可能会过于追求速度而在细节上有所疏忽。但我一直在努力改进，通过制订详细的计划和检查清单来提高工作的准确性。同时，我也在不断提醒自己要保持耐心和专注，避免因粗心而犯错。

☞ 我觉得自己的一个缺点是在公众场合发言时会有些紧张，影响表达的流畅性。为了克服这个缺点，我积极参加各种演讲和交流活动，不断锻炼自己。同时，我会提前做充分的准备，以提升自己的自信心和表达能力。

☞ 我承认我的时间管理能力还有待提升，有时候会因为工作的复杂性而导致任务延期。为了改善这一点，我学习了时间管理的技巧，使用一些工具来合理分配时间，并设定明确的优先级。我相信通过不断的努力，我能够更好地掌控时间，提高工作效率。

场景 5 你的职业规划是什么？

青铜

☞ 先做好眼前的工作，以后再看。

王者

☞ 在短期内，我希望能够快速熟悉并胜任这个岗位，掌握相关的技能和知识，为团队做出贡献。中期来看，我希望能够在专业领域内深入发展，成为团队的核心成员，承担更多的责任。长期而言，我希望能够晋升到管理岗位，带领团队创造更大的价值，同时也不断提升自己的领导力和战略能力。

☞ 短期内，我打算全身心投入这份工作中，提升业务水平。中期目标是在本领域内取得一定的专业认证，提升自己的竞争力。未来，我期望能够成为行业内的专家，能够参与制定公司的发展战略，为公司的长远发展贡献智慧和力量。

☞ 首先，在入职后的前几个月，我会努力适应公司的文化和工作环境，熟悉岗位职责。接下来的一到两年，我希望能够在现有岗位上取得突出的业绩，获得晋升机会。长远来看，我希望能够跨部门发展，拓宽自己的职业视野，最终成为能够独当一面的综合型人才。

场景6 你对加班怎么看？

青铜

☞ 任务紧急的时候，能接受加班。

王者

☞ 我理解在某些情况下，加班是为了完成重要的任务或满足项目的紧急需求。我愿意在必要的时候加班，并且会以积极的态度对待，保证工作的质量和进度。同时，我也会在平时努力提高工作效率，尽量减少不必要的加班。

☞ 我认为加班是工作的一部分，特别是在业务繁忙或者有紧急项目的时候。我愿意为了团队的目标和公司的利益付出额外的时间和努力。但我也希望公司能够合理安排工作，保障员工的休息和生活平衡，以提高长期的工作效率和员工满意度。

☞ 对于加班，我持开放和理解的态度。我明白，有时候为了达成公司的目标和满足客户的需求，加班是不可避免的。我会在加班时保持高度的专注，高效完成工作。此外，我会在日常工作中不断提升自己的能力，优化工作流程，尽量减少个人原因导致的加班。

场景7 你如何解决工作中遇到的困难？

青铜

☞ 遇到过客户投诉，跟客户沟通解决。

王者

☞ 在一次重要的任务中，我遇到了技术难题，相关资料匮乏且缺乏外部支持。我通过查阅大量的文献和在线学习，尝试不同的方法和思路，同时积极向行业内的前辈请教，借鉴他们的经验，最终成功攻克了难题，按时完成了任务。

☞ 工作中曾面临与团队成员意见不合，导致项目推进受阻的情况。我主动组织了沟通会议，倾听了大家的想法，从中找到了共同的目标和利益点。然后，我通过协调资源、调整分工和制订明确的行动计划，化解了矛盾，使项目得以顺利进行。

☞ 曾经在一个项目中，客户对方案提出了诸多苛刻的要求，时间紧迫且资源有限。首先，我冷静地分析了客户的核心诉求，然后与团队成员进行了深入的讨论，重新规划了项目进度和分工。然后，我们团队加班加点，不断优化方案，并与客户保持密切沟通，及时反馈进展，最终满足了客户的需求，顺利完成了项目。

场景 8 你如何看待团队合作？

青铜

☞ 团队合作很重要。

王者

☞ 团队合作是一种强大的力量，它不仅能够集合众人的智慧，解决复杂的问题，还能营造积极向上的工作氛围，激发每个成员的创造力和积极性。在团队中，相互支持、相互学习，能够让个人得到更快的成长，同时也为公司带来更多的价值。

☞ 我认为团队合作是实现目标的关键。在团队中，每个人都有自己的优势和特长，通过相互协作，互补不足，可以发挥出团队的最大潜力。良好的团队合作能够促进信息共享，提高工作效率，并且在面对困难时能够共同克服，创造出更出色的成果。

☞ 团队合作是工作中不可或缺的一部分。一个高效的团队能够充分发挥每个成员的能力，实现资源的最优配置。在团队合作中，尊重他人的意见、积极沟通、明确分工和共同承担责任是非常重要的。我始终相信，一个团结协作的团队能够战胜挑战，并取得辉煌的成就。

场景9 你期望的薪资是多少？

青铜

☞ ××（具体金额）。

王者

☞ 基于对这个岗位的职责和要求的了解，结合自身的能力和经验，我期望的薪资是××~××（合理范围）。我相信我的能力能够为公司带来相应的价值，同时也希望公司能够给我一个公平合理的薪酬待遇，以激励我在工作中发挥更大的潜力。

☞ 考虑到这个职位的市场行情、公司的发展前景以及我个人的能力和经验，我希望能获得××（期望薪资）的待遇。我深知薪资不仅仅是数字，更是对个人价值的认可和激励。我期待能与公司达成一个双方都满意的薪资方案，共同开启美好的职业生涯。

☞ 根据我的研究和对自身价值的评估，我期望的薪资是××~××（合理范围）。我相信我的专业技能、工作经验以及对公司的热情能够为公司带来显著的贡献。同时，我也期待公司能提供与我的能力和付出相匹配的薪资，让我能够全身心地投入工作，为公司的发展贡献力量。

场景10 你为什么从上一家公司离职？

青铜

☞ 工资低，没发展空间。

王者

☞ 在上一家公司，我学到了很多宝贵的经验，但随着个人的成长和职业规划的发展，我发现公司的业务方向和我的职业目标不太契合，无法提供我所期望的更广阔的发展空间和学习机会。我希望能够在一个更符合我职业规划的平台上，充分发挥自己的能力，实现更大的价值。

☞ 我在上一家公司工作期间，积累了一定的经验，但公司的战略调整和组织架构变化，导致我所在的部门职能发生了较大的改变，与我个人的职业发展路径产生了偏差。我希望能够找到一个更稳定、更有利于长期发展的工作环境，继续提升自己的专业技能和综合素质。

☞ 上一家公司整体来说是很不错的，但随着行业的发展和市场的变化，公司的业务发展速度有所放缓，内部的晋升机会相对较少。我渴望在一个充满活力和富有开拓创新精神的团队中工作，接触更多前沿的技术和理念，所以我选择了离开，寻求新的机遇和挑战。

场景11 你对我们公司的业务了解多少？

青铜

☞ 知道一点儿。

王者

☞ 我对贵公司的业务有一定的了解。贵公司在××业务领域处于领先地位，致力于为客户提供××（具体的产品或服务）。从公开的信息中，我看到贵公司不断进行业务拓展和创新，例如，××（举例说明新的业务方向或产品）。此外，贵公司注重合作关系，与众多合作伙伴共同推动行业的发展，这给我留下了深刻的印象。

场景12 你认为这个岗位需要具备哪些能力？

青铜

☞专业能力和沟通能力。

王者

☞首先，这个岗位需要深入的行业洞察力，能够准确把握市场动态和行业发展趋势，为工作提供指导。其次，这个岗位需要优秀的组织管理能力，合理安排任务和资源，确保工作的高效进行。最后，创新思维能力也很重要，能为公司带来新的发展机遇。

场景13 你能举例说明你的创新能力吗？

青铜

☞在之前的工作中做过一个新方案。

王者

☞在之前的工作中，我们面临××（具体问题），传统的方法无法有效解决，于是我提出了一个全新的方案，结合了××（创新的思路和方法）。经过团队的努力实施，我们成功地××（取得的具体成果），不仅提高了效率，还降低了成本。这个方案得到了领导和同事的高度认可，也为公司带来了显著的经济效益。

超实用的九段工作法

在职场中，每个人都渴望能够高效决策，顺利完成各项工作任务，进而获得职业生涯的成功。“九段秘书”的工作方法，就为我们提供了一种全面、系统的工作思路。

所谓“九段秘书”，是指秘书在安排一次工作会议时，要做到发通知、抓落实、重检查、勤准备、细准备、做记录、发记录、定责任、做流程，最后将整个会议过程做成标准化会议流程，让任何一个秘书都可以根据这个流程，形成不依赖于任何人的会议服务体系。 从一段到九段，每一段的提升都代表着工作的深度和广度的增加，以及对工作的责任心和主动性的增强。

“九段工作法”源于“九段秘书”的理念，它将一项工作的完成过程划分为若干阶段，每个阶段都有其独特的意义和重点。通过逐一落实这些阶段，我们可以确保工作的全面性和高效性。

下面我们举例介绍“九段工作法”在各职业中的应用。

市场营销人员

一段：简单制订营销计划，罗列一些推广渠道。

九段：明确市场推广的目标和计划，确保团队成员都了解并接受了市场推广任务，定期检查市场推广的进度和效果，充分准备市场推广所需的材料和资源，记录市场推广的过程和结果，明确团队成员在市场推广中的职责，将整个市场推广过程标准化，以便更好地复制和改进成功的市场推广经验。

人力资源专员

一段：发布招聘信息，等待求职者投递简历。

九段：深入了解公司的战略和业务需求，确定精准的人才画像。主动搜索潜在的候选人，通过多种渠道进行人才库的建设。在面试过程中，运用专业的评估工具和方法，准确判断候选人的能力和潜力。入职后，持续跟踪新员工的适应情况，提供必要的培训和支持，确保其快速融入团队。

财务人员

一段：完成日常的财务记账和报表编制。

九段：及时发布有关财务政策、报税期限、审计安排等相关通知，确保相关部门和人员了解并遵循财务规定。跟进财务计划的执行情况，确保各项财务指标和预算得到有效控制。定期对财务报表、账目进行复核，检查是否存在错误或遗漏。对公司的财务数据进行深入分析，为决策提供有力支持。预测资金需求，合理规划资金使用，进行风险评估。明确财务团队中每个成员的职责和分工，确保财务工作的高效运转。将财务工作标准化和流程化，提高工作效率。

研发人员

一段：按照给定的需求进行产品研发。

九段：主动挖掘用户的潜在需求，进行前沿技术的研究和探素。在研发过程中，充分考虑产品的性能、成本、用户体验等多方面因素。与市场、销售等部门密切合作，确保产品能够满足市场需求并具有竞争力。对研发成果进行保护和创新管理，为公司创造持续的价值。

管理人员

一段：下达任务，等待下属汇报结果。

九段：明确团队的目标和战略，合理分配资源，制订详细的工作计划和流程。与团队成员保持密切沟通，并提供指导和支持，激发成员的潜力。建立有效的绩效评估体系，及时反馈和奖励优秀表现，处理问题和冲突。不断反思和改进管理方法，提升团队的整体绩效。

“九段工作法”具备明确的工作思路和周全的准备，能够减少不必要的重复和错误，避免信息不清晰、沟通不顺畅等问题导致的时间浪费，从而大大提高工作效率和工作质量。同时，当我们以“九段工作法”的标准要求自己时，会更加关注工作的每一个细节，对工作的结果负责。不再是“做完”工作，而是“做好”工作，这种责任心的增强将推动个人和团队的发展。

总的来说，“九段工作法”为我们提供了一种在职场中追求卓越的工作模式。无论身处哪个岗位，只要我们能够以“九段工作法”为指导，不断提升自己的工作境界，就一定能够在职场中取得更加出色的成绩，实现自己的职业目标。

第三章

家校沟通好，教育才有温度

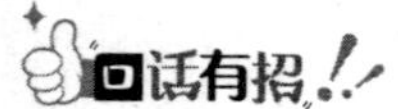

家校沟通中的语言艺术

您家孩子最近上课总是走神。

老师，感谢您及时告诉我，可能是家里最近有些变动影响到孩子了，回去我会和她好好聊聊，也麻烦您在学校多关注和提醒她。

妈妈，我最近晚上总睡不好，所以白天就没精神。

原来是这样，那咱们一起想想办法，把睡眠调整好。

你家孩子学习好像一直很自觉。

×中学

哪里哪里，您家孩子也很聪明，就是可能还没找到适合自己的学习方法，咱们多多交流经验。

家校沟通的误区

在孩子的教育过程中，家庭和学校是两个至关重要的阵地。家校之间的有效沟通，对于孩子的成长和发展起着举足轻重的作用。然而，在实际的家校沟通中，却存在着一些常见的误区，这些误区可能会影响沟通的效果，甚至对孩子的教育产生不利影响。

误区一：缺乏双向沟通

有效的家校沟通应该是双向的、互动的。可有些家长认为，只要孩子在学校没有出现大问题，就不需要与老师频繁沟通，他们往往只是被动地接受老师的信息反馈，而缺乏主动与老师交流的意识。这种单向沟通模式不仅限制了信息的传递效率，还可能导致误解和偏见的产生。例如，小美的父母虽然关心她的学习情况，但从未主动与老师沟通过。当老师向他们反映小美在课堂上的表现时，他们才意识到问题的严重性。如果他们能早点与老师建立双向沟通机制，或许就能及时发现并解决问题。

误区二：沟通内容局限

许多家长在与老师沟通时，往往只关注孩子的学习成绩，而忽略孩子的品德、心理健康、兴趣爱好等方面。孩子的发展是全面的，仅仅关注成绩并不能全面了解孩子的成长状况。例如，小红的学习成绩一直不错，却在与同学相处方面存在一些问题，经常因为小事与同学发生冲突。家长在与老师沟通时，只询问了小红的考试成绩，对于她在学校的人际关系毫不知情。后来，小红的人际关系问题越来越严重，直到无法安心学习，影响了身心健康和未来发展。

误区三：沟通态度不当

部分家长在与老师沟通时，态度过于强硬或者过于谦卑，这都不利于建立良好的沟通关系。态度强硬的家长可能会让老师感到压力，不愿意与家长深入交流；而过于谦卑的家长则可能无法有效地表达自己的想法。例如，小强的家长在与老师沟通时，总是强调自己的孩子是最优秀的，对老师提出的建议不屑一顾。老师感到很无奈，觉得小强的家长不配合教育工作，逐渐减少了与他们的交流。

如果家长能够以平等、尊重、合作的态度与老师沟通，双方就能更好地共同促进孩子的成长。

误区四：只听不反馈

有些家长在与老师交流时，只是默默地听老师讲述孩子的情况，而不发表自己的看法和意见，也不向老师反馈孩子在家中的表现。这样的沟通是单向的，无法达到真正的交流效果。比如小辉的家长，老师向其反映小辉在学校经常迟到，家长只是点头表示知道了，既没有解释小辉迟到的原因，也没有提出改进的措施。老师无法了解家长的想法和态度，也就难以制订出针对性的解决方案。

误区五：老师找家长 = 告状

许多家长对老师找他们谈话存在误解，认为老师找他们就是为了告状。这种心态不仅让家长对老师产生抵触情绪，还可能阻碍家校之间的有效沟通。例如，小亮的父母每次接到老师的电话都心惊胆战，担心老师又是来告状的。久而久之，他们对老师的电话产生了恐惧心理，甚至拒绝接听。这种做法不仅影响了家校之间的正常沟通，还可能让小亮错过接受教育的最佳时机。

误区六：沟通方式单一

现如今，人与人之间的沟通方式多种多样，但有些家长和老师仍然只依赖家长会或者电话沟通，忽略了微信、邮件等便捷的沟通工具。这样可能导致信息传递不及时，影响沟通效果。例如，新型冠状病毒感染疫情期间，学校的通知和孩子的学习情况基本通过微信传达，有些家长不关注微信消息，错过了重要信息。

家校沟通是教育孩子的重要环节。家长应该走出误区，与老师建立良好的合作关系，共同促进孩子的健康成长。通过加强双向沟通、掌握科学的教育方法以及改变对老师的偏见等方式，我们可以为孩子创造一个更加和谐、有利的成长环境。

高情商家长与老师的对话

场景1 老师反映孩子上课注意力不集中

青铜

☞ 我回去说说他/她。

王者

☞ 老师，感谢您的细心观察和反馈。我回去会和孩子好好沟通，了解原因，帮他/她制订改进计划。

☞ 老师，辛苦您发现了这个问题。我回家会和孩子耐心交流，找到提高注意力的方法，也请您在学校多提醒孩子。

场景2 老师告知孩子最近经常迟到

青铜

☞ 我以后叫他/她早点起床。

王者

☞老师，真对不起，给您的工作带来不便。我会调整孩子的作息时间，保证不再迟到。

☞老师，真的很抱歉，让您操心了。我会找到孩子迟到的原因，采取措施，让他/她养成准时的好习惯。

场景3 老师说孩子的作业质量差

青铜

☞我会监督他/她好好写。

王者

☞老师，谢谢您让我了解了孩子的情况。我会查看孩子的作业，和他/她一起找出原因，督促他/她认真完成。

☞老师，辛苦您了。我回去会陪伴孩子写作业，指导他/她改进方法，提高作业的质量。

场景4 老师告知孩子在学校与同学打架

青铜

☞我回去一定好好教育他/她。

王者

☞老师，非常抱歉，让您操心了。我回去一定会严肃地和孩子谈一谈，了解事情的全貌和他/她的想法，引导他/她认识到打架是错误的行为，学会用和平的方式解决问题，也希望您能给孩子一个改正的机会。

场景5 老师反映孩子考试成绩不理想

青铜

☞我会让他/她多做题。

王者

☞老师，感谢您的关注。我会和孩子一起分析试卷，找出薄弱环节，有针对性地进行改进。

☞老师，辛苦您了。我会帮助孩子制订学习计划，鼓励他/她努力提高成绩，还请您在学校多多指导。

场景6 老师说孩子在学校比较内向

青铜

☞我回去开导开导他/她。

王者

☞老师，谢谢您的提醒。我会和孩子多交流，鼓励他/她勇敢表达自己，也希望您在学校多给他/她一些机会。

☞ 老师，您辛苦了，谢谢您发现了这一点。我回家会引导孩子打开心扉，多带他/她参加社交活动，培养他/她的自信，同时也希望您能在课堂上多鼓励他/她发言。

场景 7 老师说孩子在课堂上爱说话

青铜

☞ 我回去批评他/她。

王者

☞ 老师，辛苦您了。我回家会教育孩子尊重课堂，培养他/她的自律能力，还望您多提醒。

☞ 老师，感谢您指出孩子的问题。我会和他/她沟通，让他/她明白遵守课堂纪律的重要性，并和孩子一起制订改进措施，让他/她学会规范自己的行为。

场景 8 老师反映孩子不积极参加活动

青铜

☞ 我跟他/她说说让他/她参加。

王者

☞ 老师，谢谢您让我知道了孩子的情况。我会鼓励孩子积极参与，培养他/她的集体荣誉感，也麻烦您多引导。

☞ 老师，感谢您的反馈。我会帮助孩子克服顾虑，让他/她主动融入集体，希望您多给他/她一些机会。

场景9 老师告知孩子最近学习态度不端正

青铜

☞ 我会让他/她端正学习态度。

王者

☞ 老师，感谢您的提醒。我会和孩子深入交谈，了解他/她的困惑，帮助他树立正确的学习态度。

☞ 老师，辛苦您了。我会给孩子树立榜样，激发他/她的学习动力，也请您在学校多鼓励他/她。

场景10 老师询问孩子在家学习的情况

青铜

☞ 还可以。

王者

☞ 孩子在家学习还算自觉，每天会按照制订的学习计划完成作业和复习任务。不过，有时候也会遇到一些难题，需要我们一起探讨解决。

☞ 孩子在家学习挺积极的。他/她会认真完成作业，也会主动预习新知识。不过，他/她在时间管理上还有些欠缺，我们正在帮他/她改进。

场景11 老师反映孩子不爱回答问题

青铜

☞ 我回去说说他/她。

王者

☞ 老师，感谢您告知我这个情况。我回去会和孩子耐心沟通，了解他/她不举手的原因，看他/她是对知识掌握不牢固还是性格比较内向，然后有针对性地引导他/她。

☞ 我回家会鼓励孩子勇敢表达自己的想法，也会和他/她一起做一些模拟课堂问答的练习，帮助他/她克服心理障碍。

场景12 老师建议关注孩子的心理健康

青铜

☞ 好的，我知道了。

王者

☞ 老师，谢谢您为孩子考虑得这么周全。我会尽快调整自己的关注重点，多陪伴孩子，给他足够的心理支持。

☞ 老师，非常感谢您的建议。我会加强这方面的意识，学习相关知识，为孩子营造一个健康的心理成长环境。

场景13 老师询问家长对学校教育的意见

青铜

☞ 没什么意见，我觉得还不错。

王者

☞ 我觉得学校的教育整体很不错，老师们都很负责，教学质量也比较高。不过，要是能多组织一些课外实践活动，让孩子们更好地将理论知识与实际应用结合起来，可能会更好。

☞ 首先，我感谢学校和老师们的辛勤付出。其次，我认为学校在课程设置上比较合理，但希望能增加一些关于心理健康和职业规划的课程，帮助孩子们更好地应对未来的挑战。

场景14 老师询问家长对孩子的期望目标

青铜

☞ 希望他/她好好学习，将来有出息。

王者

☞ 我们对孩子的期望是他/她能健康快乐地成长，拥有扎实的知识基础和独立思考的能力，在自己感兴趣的领域深入学习和发展。无论是学术、艺术还是体育，只要他/她真心热爱并且努力追求，我们都会全力支持。

场景15 老师反馈孩子学习有进步

青铜

☞ 谢谢老师，我们会继续努力的。

王者

☞ 老师，听到孩子进步的消息，我们特别高兴。您的教育方法很有效，我们在家也会督促孩子保持这样的学习劲头。

☞ 老师，太感谢您了！孩子的进步离不开您的悉心教导和鼓励，我们会继续支持和配合您的工作。

场景16 老师感谢家长的配合与支持

青铜

☞ 应该的。

王者

☞ 老师，您太客气了！教育孩子是我们共同的责任，能和您一起为孩子的成长助力，我们很荣幸。

☞ 老师，您的辛勤付出我们都看在眼里，配合您的工作是我们分内之事，感谢您对孩子的用心。

把话说到孩子心坎上

场景1 孩子说在学校被同学欺负了

青铜

☞ 你告诉老师了吗？要勇敢一点，不要让别人欺负你。

王者

☞ 宝贝，我知道你一定很委屈、很难过。妈妈/爸爸会和你一起想办法解决。咱们先把事情的经过详细地跟老师说一说，让老师来处理，我也会一直陪着你，给你支持和勇气。

☞ 孩子，听到你说被欺负，我很心疼。咱们先冷静下来，分析一下为什么会这样，然后去找老师帮忙。我还会教你一些保护自己的方法，让你以后不再被欺负，希望你能勇敢地面对这件事情。

场景 2 孩子说不喜欢某位老师

青铜

☞ 每个老师都有自己的教学方式，你要学会适应。

王者

☞ 我理解你的感受，可以和我说说为什么不喜欢这位老师吗？也许我们可以一起找到解决问题的方法。

场景 3 孩子说被老师批评了

青铜

☞ 老师批评你是为了你好，你要虚心接受。

王者

☞ 我知道被老师批评可能会让你感到难过，但请记住，老师批评你并不代表你不好，而是希望你变得更好。我们可以一起分析一下老师批评的原因，然后努力改进。

☞ 每个人都会在成长过程中遇到挫折，包括被老师批评。别灰心，把这次批评当成动力，认真反思自己的行为，努力改进，我相信你会越来越优秀，老师也会为你骄傲的。

场景4 孩子说在学校没交到朋友

青铜

☞你要主动和同学交流，多参加集体活动。

王者

☞孩子，交朋友需要时间和耐心。你可以试着主动和同学打招呼、分享你的玩具或零食。我们也会帮助你参加一些社交活动或兴趣小组，让你有机会认识更多的朋友。

场景5 孩子说听不懂老师讲课

青铜

☞你要认真听讲，做好笔记，课后多复习。

王者

☞宝贝，听不懂别着急，可能是老师讲的速度有点快，也可能是这个知识点比较难。我们可以下课找老师再请教一下，或者回家后自己看看书，上网查一查资料，我也可以帮你一起学习。

☞听不懂老师讲课确实会让人感到困惑和沮丧，但这也是一个提升自己的机会。我们可以提前预习一下老师要讲的内容，这样上课的时候就能更容易跟上节奏。如果还是不懂，一定要及时跟老师说，老师会很愿意帮助你的。

☞ 每个人在学习过程中都会遇到难题，你可以制订一个学习计划，针对不懂的地方重点学习，多做一些相关的练习题。你也可以和同学一起讨论，互相帮助，共同进步。

☞ 听到你说听不懂老师讲课，我很理解你的感受。也许我们可以尝试换个角度来学习，比如找一些辅助教材或者视频来帮助你更好地理解课程内容。另外，我也会和老师沟通一下，看看他们有没有其他的建议。

场景 6 孩子说参加比赛输了很难过

青铜

☞ 输就输了，下次赢回来。

王者

☞ 比赛有输有赢很正常。这次输了，说明你还有进步的空间。我希望你把这次的经历当成动力，更加刻苦地训练，下次一定会成功的。你在我心里永远是最棒的。

☞ 宝贝，比赛输了心里肯定不好受，但是你能勇敢地参加比赛就已经很棒了。咱们总结一下这次失败的原因，看看哪些地方可以改进，下次再努力，一定会取得好成绩的。

场景 7 孩子抱怨作业太多

青铜

☞ 作业多是为了让你更好地掌握知识，你要抓紧时间做。

王者

☞ 宝贝，妈妈/爸爸知道你面对这么多作业很辛苦。我们先看看是因为做题方法不对导致速度慢，还是作业量确实太大。如果是后者，我们一起找老师商量，调整一下作业量，但是你也要认真对待每一项作业哦。

场景 8 孩子说考试没考好

青铜

☞ 没关系，下次努力就好了。

王者

☞ 这次没考好没关系，我们一起来分析一下原因，是知识点没掌握好，还是考试的时候太紧张了。找到原因，针对性地复习，下次一定会进步的。

☞ 考试结果不理想并不代表你的努力没有意义。我们要看重过程而非结果，只要你尽力了，就没有什么好遗憾的。接下来，我们可以一起调整学习策略，为下一次考试做好准备。

场景 9 孩子说被选上参加活动很紧张

青铜

☞ 别紧张，尽力就好。

王者

☞ 宝贝，被选上参加活动是好事呀，紧张是正常的。我们可以提前做好准备，多练习几遍，熟悉了就不会那么紧张了。相信自己，你一定能表现得很好。

场景 10 孩子说在学校和同学发生矛盾了

青铜

☞ 你们要好好沟通，和平解决问题。

王者

☞ 和同学发生矛盾确实让人不愉快，但这也是成长的一部分。我们先冷静下来，想想矛盾是怎么产生的，是误会还是真的有分歧。如果是误会，找个机会和同学解释清楚；如果是分歧，试着互相理解和包容。

☞ 发生矛盾并不可怕，关键是如何消除。你可以尝试换位思考，理解对方的立场和感受。同时，你也要坚持自己的原则，寻求一个双方都能接受的解决方案。如果需要，我也可以帮你出谋划策。

☞同学之间有点矛盾很常见。你先不要生气，试着站在对方的角度想一想。然后，你找个合适的时间，和同学心平气和地谈一谈，倾听对方的想法，也表达自己的感受。我相信你们能够找到解决问题的方法，重拾友谊。

☞和同学闹矛盾别着急，咱们一起来分析一下谁对谁错。如果是你的错，就要勇敢地向同学道歉；如果是对方的错，也请你大度一点原谅他。好朋友之间要学会相互体谅。

场景11 孩子说在学校感觉压力大

青铜

☞你要学会放松，不要给自己太大压力。

王者

☞感觉到压力大是正常的，尤其是在学校这样一个竞争激烈的环境中。你可以尝试一些放松的方法，比如深呼吸、做运动或者听轻音乐。同时，我们可以一起调整一下作息时间，合理安排任务，把大目标分解成小目标，一个一个去实现，这样你可能会感觉轻松一些。如果需要倾诉，我随时都为你提供支持。

场景12 孩子说不喜欢某门课程

青铜

☞每门课程都很重要，你要尽量去喜欢它。

王者

☞有时候，对某门课程的喜好可能会随着时间的推移和学习的深入而改变。虽然你现在不喜欢这门课程，但也许在学习过程中，你会发现其中的乐趣和价值。让我们一起保持开放的心态，给这门课程一个机会，看看它能否带给你新的启发和收获。

场景13 孩子说在学校被老师表扬了

青铜

☞真不错，继续努力。

王者

☞宝贝，我真为你感到骄傲！你的努力和付出得到了认可，希望你继续保持这种优秀的状态，不断前进。

☞太棒了！你在学校的表现真是越来越出色，老师的表扬是对你的学习态度和成果的肯定。继续加油，相信你会取得更大的成就！

场景14 孩子说在学校很开心

青铜

☞ 开心就好，好好学习。

王者

☞ 听到你在学校过得这么开心，我也非常高兴。希望你能继续保持这种积极的心态，享受学习的乐趣。

☞ 你的快乐是我最大的幸福。这种积极的心态对你的成长非常重要，我相信你会在学习和生活中取得更多的成功。

聪明的家长这样应对其他家长

场景 1 双方家长到校处理孩子间的冲突

青铜

☞ 哎呀，孩子们不懂事，别计较了。

王者

☞ 真是不好意思，孩子间发生冲突让大家都操心了。咱们先冷静下来，了解清楚事情的来龙去脉，一起想想怎么解决，可别因此伤了和气。

☞ 实在对不起，咱们先心平气和地一起探讨一下，怎样让孩子们认识到错误，避免再出现这样的情况。

场景 2 其他家长问你家孩子的成绩

青铜

☞ 还可以吧。

王者

☞ 还算稳定，不过还有进步的空间，我们也一直在鼓励他/她继续努力。您家孩子怎么样？

场景 3 对方家长因孩子间的误会向你道歉

青铜

☞ 没事，孩子之间难免有误会。

王者

☞ 您的道歉让我感到很温暖，其实孩子间的误会很快就会化解，我们大人也应该给他们做个好榜样，学会宽容和理解。

☞ 您太客气了，孩子们在成长过程中难免会遇到各种问题，我们一起帮助他们解决就好。

场景4 其他家长吐槽你家孩子不懂分享

青铜

☞不好意思，我回去教育教育。

王者

☞每个孩子都有其独特的个性和成长节奏。我家孩子可能在某些方面表现得相对保守，但这并不代表他/她小气。况且，分享并不是一种强制性的行为，而是需要建立在孩子自愿的基础上。我们相信，随着孩子的成长和进步，他/她会更加懂得分享的快乐和意义。

场景5 其他家长向你抱怨孩子沉迷游戏

青铜

☞我家的也是。

王者

☞这的确是个让人头疼的问题。不过，作为家长，咱们可以多带孩子参加户外活动，让孩子感受到现实世界的精彩，减少对游戏的依赖。

☞别着急，咱们和孩子好好沟通，告诉他/她沉迷游戏的危害。同时，咱们也要以身作则，减少玩手机的时间，给孩子做个好榜样。

场景6 其他家长邀请你的孩子参加生日派对

青铜

☞好的，谢谢邀请。

王者

☞非常感谢您的邀请，我的孩子一定很高兴参加这样的活动，能和小伙伴们一起庆祝生日，非常有意义。

☞我们很荣幸收到邀请，期待孩子们在派对上度过一段愉快的时光。这不仅是一个快乐的派对，也是孩子们增进友谊的好机会。

场景7 其他家长向你吐槽老师

青铜

☞可能老师也有难处吧。

王者

☞您先消消气，吐槽解决不了问题。咱们不妨一起分析分析老师的行为，也许有我们没考虑到的因素。比如，老师可能是为了严格要求孩子，只是所用方法让孩子不太舒服。咱们可以试着跟老师提提建议。

☞先别着急生气，咱们得客观地看待。也许老师的某些做法让孩子和咱们家长一时不太理解，但老师可能是从整体教育的角度出发的。咱们可以多观察观察，也可以找个合适的机会和老师平和地沟通一下。我有个朋友之前也对老师的教学方法不太满意，总是吐槽，但后来经过和老师的深入交流，才发现老师是根据班级大多数孩子的情况制定的教学策略，只是他家孩子不太适应。后来，老师针对他家孩子的情况给了一些指导，问题就解决了。

☞ 我能理解您现在的心情，不过咱们也不能只看到不好的一面。说不定老师也有自己的压力和挑战，而且可能在某些方面对孩子还是有帮助的。咱们可以先冷静想想，看是不是有什么误会。

场景 8 家长们谈论孩子的学习情况

青铜

☞ 我家孩子学习还行吧，你们家的呢？

王者

☞ 我觉得学习是个长期的过程，我家××还在努力中。你们家孩子学习那么好，平时是怎么辅导的？

☞ 哎，说起学习，我觉得每个孩子都有自己的节奏。你们家孩子真的很棒，有没有什么秘诀可以传授一下？

如何有效建立家校沟通合作关系

作为家长，我们都希望孩子能够在学校里健康快乐地成长，取得良好的学习成绩，发展全面的素质。这些目标的实现，离不开有效的家校沟通。通过与学校和老师的良好沟通，我们可以更好地了解孩子在学校的表现，发现问题并及时解决，从而助力孩子的全面成长。我们来了解一下家校沟通的五个关键步骤。

第一步：建立积极的沟通心态

在与学校和老师沟通之前，我们首先要树立积极的心态，要认识到家校沟通是为了孩子的成长，而不是去指责或抱怨。我们要以开放、尊重和信任的态度去面对老师，相信他们和我们有着共同的目标——让孩子变得更好。我们要相信学校和老师是专业的，他们有着丰富的教育经验和专业知识。同时，我们也要尊重老师的工作和决定。只有建立了信任和尊重，我们才能更好地与老师合作，共同助力孩子的成长。举例来说，如果孩子在学校遇到了问题，我们可以先与老师沟通，了解具体情况。在沟通过程中，我们要保持冷静和理智，避免情绪化的言辞和行为。这样，老师才会更愿意与我们分享孩子的真实情况，并一起探讨解决方案。

第二步：准备充分的沟通内容

在与老师沟通前，我们要对沟通的内容进行充分的准备，明确自己的关注点和问题，同时也要了解孩子在学校的基本情况。比如，如果要与老师讨论孩子的学习成绩，我们可以提前准备好孩子的作业、试卷等，以便更具体地分析问题。如果讨论关于孩子行为习惯的问题，我们可以先观察孩子在家中的表现，提供一些具体的事例。

第三步：选择合适的沟通方式

家校沟通的方式多种多样，包括家长会、电话、微信、邮件等。我们需要根据具体情况选择合适的方式。家长会是集中了解学校教育理念、班级整体情况以及与老师面对面交流的重要机会。在家长会上，我们要认真倾听老师的介绍和建议，积极参与讨论。电话沟通适合在有紧急或重要的事情需要及时交流时使用。比如，孩子突然生病需要请假，或者孩子在学校遇到了较大的挫折，需要与老师共同商讨解决方案。微信和邮件则更适合在日常交流中分享孩子的一些进步、问题或者询问一些一般性的教育问题。我们还可以通过参加学校的各种活动，更深入地了解孩子在学校的生活和学习环境，同时也能增进与其他家长和老师的交流。

第四步：定期交流与反馈

我们要定期与老师进行交流，了解孩子在学校的学习情况、行为表现以及社交关系等。同时，我们也要及时向老师反馈孩子在家的表现和进步，以便老师更全面地了解孩子。例如，我们可以每个月与老师进行一次电话沟通或者面对面交流，了解孩子的近况。此外，我们还可以利用家长群等渠道，与老师和其他家长分享孩子成长的点滴，共同关注孩子的进步。

第五步：共同解决问题

沟通是为了解决问题，促进孩子的成长。因此，在沟通结束后，我们要付诸行动。比如，如果老师建议给孩子制订一个学习计划，我们就要和孩子一起制订并严格执行。如果老师提到孩子在某些方面需要加强锻炼，我们就要在家中为孩子创造相应的条件。

家校沟通是助力孩子成长的重要途径，也是一个持续的过程，需要我们家长用心去经营。通过这五个步骤，我们能够更好地与学校和老师形成合力，为孩子创造一个良好的成长环境，助力他们茁壮成长。

第四章

因人而异，不同场景巧回话

因人而异的回话窍门

好久不见，最近怎么样？
还不错啦，就是每天都在想什么时候能再遇见你，这不，愿望实现啦！

我这次考试又没考好。
别灰心，这说明下次进步的空间更大呀，就像玩游戏，先攒个大招！

今天这天气真怪，一会儿晴一会儿阴的。
是啊，就像老天爷在玩变脸游戏，说不定一会儿还能下场糖果雨呢！

建立和谐人际关系的策略

当今社会，社交场合的多样性和复杂性日益增加，拥有和谐的人际关系不仅能让我们在社交中感到愉悦和满足，还能为个人的发展和生活带来诸多积极影响。沟通，作为建立人际关系的桥梁，其策略的运用显得尤为重要。

倾听之道：以耳为目，以心为听

在社交沟通中，倾听是首要的策略。有效的倾听不仅仅是听见对方的话语，更是理解对方的情感和需求。当我们身心投入地倾听他人时，能够传递出尊重和关注的信息，从而建立起彼此信任的桥梁。例如，在朋友分享个人经历或困扰时，我们要做的不仅是听取故事本身，更要通过言语和非言语的反馈，如点头、微笑或简单的肯定词，来表达我们的共鸣和理解。这种深度的倾听能够让对方感受到被接纳和理解，从而拉近彼此的距离。

言辞之巧：清晰、准确、有温度

言辞是沟通的基石。在社交场合中，我们应追求清晰、准确且富有温度的言辞。说话时，我们要避免使用模糊、含糊的语言，而是力求精确地表达自己的想法和情感。例如，在商务洽谈中，明确且专业的语言表达能够提升信任感，减少误解。同时，适时的幽默和温和的语气可以为严肃的商务环境增添一丝轻松，使得沟通更加顺畅。

情感之桥：共鸣与理解

情感的传递在社交沟通中同样重要。通过表达共鸣和理解，我们能够与他人建立起深厚的情感联系。这就要求我们在沟通时不仅要关注言语内容，还要关注对方的情感体验。例如，在面对他人的困扰或挑战时，表达同情和支持，让对方感受到我们的关心。同时，通过分享自己的相似经历或感受，可以进一步拉近与对方的情感距离。

灵活应变：化解尴尬，掌控氛围

社交场合中难免会遇到尴尬或突发情况。此时，灵活应变的沟通能力就显得尤为重要。无论是用幽默化解紧张气氛，还是通过转移话题来减轻尴尬，我们都需要具备快速反应和巧妙处理的能力。例如，在聚会上，如果话题突然变得尴尬或敏感，我们可以巧妙地引入一个新话题，或者通过提问的方式引导大家参与讨论，从而转移注意力，缓解紧张氛围。

尊重与包容：多元视角，和谐共处

在社交场合中，我们会遇到各种各样拥有不同观点和文化背景的人。因此，尊重和包容成为建立和谐人际关系的关键。我们要学会欣赏和接纳他人的差异，以开放的心态进行沟通。例如，在跨文化交流中，了解并尊重对方的文化习俗和信仰是至关重要的。通过提问和倾听，我们可以更好地理解对方的文化背景，从而避免误解和冲突。

适度自我披露：真实与信任

适度的自我披露也是建立和谐人际关系的一种有效策略。通过分享自己的经历、感受和想法，我们可以让他人更加了解我们，从而建立起真实的信任感。不过，自我披露需要把握好度，过多的自我披露可能会让他人感到不适或压力，而过少的披露则可能导致关系难以深入。因此，我们需要根据情境和对方的反应来判断何时以及如何进行自我披露。

积极反馈：鼓励与支持

在社交沟通中，积极的反馈能够极大地提升人际关系的质量。无论是赞美他人的成就，还是鼓励他人面对挑战，积极的反馈都能够传递出我们的支持和认可。例如，在团队合作中，及时给予团队成员正面的反馈和鼓励，能够激发他们的积极性和创造力。同时，这种积极的氛围会促进团队内部的和谐与协作。

通过有效的沟通策略，我们能够提升个人的社交能力，在社交场合中更加游刃有余地建立和谐、美好的人际关系，从而为自己创造更多的机会和价值，让生活更加充实和幸福。只要在实践中不断学习和成长，相信我们一定能够在各种社交场合中展现出自己的魅力。

男性朋友都吃这一套

场景 1　男生邀请你共进晚餐

青铜

☞ 好啊，谢谢你邀请我，我很期待和你一起吃饭。

王者

☞ 我很高兴接受你的邀请，与你共进晚餐对我来说是一件非常期待的事情。在品尝美味佳肴的同时，还能与你深入交流，我想这一定会是一次难忘的晚餐。让我们在愉快的氛围中，共同度过一个美好的夜晚吧！

☞ 非常感谢你的盛情邀请，与你一起用餐将是一次美好的体验。我相信，在温馨的灯光下，我们可以分享彼此的故事，感受那份独特的默契与真诚。期待这一晚能成为我们美好回忆的一部分。

☞ 哇，真是太感谢你的邀请了！我期待着与你一起品尝美食，畅聊人生，感受那份难得的惬意与愉悦。

☞ 能收到你的邀请我太开心啦！此时此刻，我的心情好激动，已经开始期待这次美好的晚餐时光了。

场景 2 男生说今天工作很累

青铜

☞ 那你早点休息吧，别太累了。

王者

☞ 听到你说工作很累，我真的很心疼。工作确实重要，但你的身体和健康更不容忽视。希望你能早点儿休息，放松一下紧绷的神经，明天又是全新的一天，一切都会好起来的。

☞ 辛苦了，我知道工作有时候会让人疲惫不堪。但请记住，你不是一个人在战斗，我会一直支持你、陪伴你。如果有什么需要帮忙的，尽管告诉我，我会尽力与你分担。

场景 3 男生说想去旅行

青铜

☞ 可以啊。

王者

☞ 旅行是一件很美好的事情，能和你一起去探索未知的世界，想想都让人兴奋。

☞ 那我们一起规划一下行程，留下属于我们的美好回忆。

场景4 男生说最近在学做饭

青铜

☞挺好的。

王者

☞太棒啦，相信以你的聪明才智，做出来的饭菜一定美味可口，以后我可有口福啦，加油哦！

☞真为你感到高兴，我觉得会做饭的男生特别有魅力，期待你的成果哟！

场景5 男生向你展示他的某项特长或爱好

青铜

☞哇，你真厉害！这个做得真好。

王者

☞我从来没见过如此精湛的技艺，你真的是个天才！你对这项爱好的热情和投入，让我看到了你的坚持和毅力。我非常欣赏你，也希望能有机会更多地了解你和你的世界。

☞你真是太有才华了！你的优秀不仅体现在这项特长上，更体现在你对生活的热爱和追求上。

场景 6 男生向你分享他的生活趣事

青铜

☞哈哈，真有趣！

王者

☞你的故事真是太有趣了，听得我忍不住笑出声来了。你的幽默感和乐观态度真是让人难以抗拒，我很享受和你聊天的过程，总能收获满满的快乐和正能量。

☞听你分享这些生活趣事，我也仿佛置身其中，感受到了那份欢乐和轻松，同时我也感受到你对生活的热爱和用心。你总能从平凡的生活中发现不平凡的乐趣，这种积极的生活态度让我非常欣赏。与你相处，总是那么轻松和愉快。

场景 7 男生说最近的新发型

青铜

☞随便你。

王者

☞勇敢去尝试吧，我觉得你有足够的魅力能把任何发型都展现出独特的风格。

场景 8 男生说最近健身效果不错

青铜

☞ 那挺好。

王者

☞ 真为你高兴，健身不仅能让身体更健康，还能让你更自信。我都被你的毅力感染了。

☞ 太棒啦！你的努力有了回报，我都忍不住为你骄傲了。相信你会越来越棒的。

场景 9 男生询问你的兴趣爱好

青铜

☞ 我喜欢看书和旅行。

王者

☞ 我有很多兴趣爱好，但如果要挑选最喜欢的，那一定是阅读和旅行了。通过阅读，我可以穿越时空，与书中的人物产生共鸣；而旅行则能让我亲身体验各种风土人情，感受大自然的壮美与神秘。这两个爱好让我的生活更加丰富多彩，也让我更加珍惜每一个美好的瞬间。

场景10 男生询问你对未来的规划

青铜

☞ 我还没想好，可能会继续深造或者找新工作吧。

王者

☞ 对于未来，我有着许多憧憬和期待。我希望能够找到自己真正热爱的事业，并全身心投入其中。无论是继续学习提升自己，还是在职场上展现自己的才华，我都将努力追求自己的梦想。当然，追梦过程中也会不断调整和完善自己的规划，以确保走在正确的道路上。

☞ 未来规划是一个需要深思熟虑的问题。我希望能够找到一个既能发挥自己的优势，又能让自己释放激情和充满动力的事业方向。在这个过程中，我会不断学习、提升自己，为实现自己的梦想而努力奋斗。同时，我也会保持开放的心态，随时准备抓住机遇，迎接挑战。

☞ 关于未来，我确实有一些想法，但还在规划和探索中。我认为，无论是继续深造还是步入职场，重要的是找到真正热爱的事情，并为之努力。我相信，只要我们保持积极的心态和不断进取的精神，未来一定充满无限可能。

场景11 男生向你道歉

青铜

☞好的，我原谅你了。

王者

☞我很钦佩你的坦诚和勇气，毕竟能够承认错误并不容易。我相信我们的关系足够稳固，可以一起面对和解决任何问题。让我们继续并肩前进，共同创造更多的美好吧。

☞你的道歉我接受了，我相信每个人都有犯错的时候，关键是能够从中吸取教训。我们之间的情谊和理解足够深厚，可以一起面对这样的小插曲。

女生之间如何建立良好的友谊

场景 1 与女生初次认识

青铜

☞ 你好，很高兴认识你。

王者

☞ 嘿，你知道吗？我今天本来打算去买彩票的，但想了想，认识你可能比中彩票还要幸运呢！

☞ 你好，我一直觉得认识你的人肯定都特别幸运，今天我终于成了那个幸运儿！

场景 2 女生说今天心情不太好

青铜

☞ 哦，那赶紧开心起来。

王者

☞听说心情不好的时候吃颗糖就能甜到心里，要不我给你变出一颗魔法糖，让你的心情瞬间变好？

☞亲爱的，你心情不好，我感觉天都要塌啦！快和我说说，让我用我的超级笑话把你的坏心情统统赶跑。

场景3 女生说工作压力大

青铜

☞那就放松放松。

王者

☞你这压力都快赶上大象的体重啦！别愁，我来当你的减压大师，带你去吃顿超级大餐，把压力都吃进肚子里消化掉！

☞工作压力大就像气球吹太满，咱得赶紧放放气。我带你去个风景优美的地方，好好放松一下。

场景4 女生分享自己的糗事

青铜

☞哈哈哈，这也太有趣了！

王者

☞ 哈哈哈，你这糗事可以入选“年度最佳糗事”了！不过，我觉得很可爱啊。

☞ 你这糗事真是太逗了，我笑得肚子疼！不过，别担心，我不会告诉别人的。

☞ 看来你跟我一样，也是个“糗事大王”啊！我觉得咱俩的糗事都能写成一本书了，肯定大卖！

场景5 邀请女生出去玩

青铜

☞ 周末有空吗？一起出去玩吧。

王者

☞ 周末想不想去探索一下城市的新角落？我预约了一个“城市探险家”的职位，就等你这位勇敢的伙伴了！当然，宝藏可能是美食、美景或者更多惊喜哦！

☞ 周末我们几个好朋友约好去一个有山有水的地方野餐，我想邀请你一起去。我们都一致认为，有了你这个“开心果”的加入，场面才能更热闹！

场景6 女生说对未来感到迷茫

青铜

☞慢慢想。

王者

☞别迷茫，未来就像个大宝藏，咱们一起慢慢找，说不定能挖出一堆金子！

☞不必太过焦虑，就算未来是个迷宫，我也陪你一起走。如果迷路了，咱们就在里面安家！

场景7 女生说最近总是丢三落四

青铜

☞注意点。

王者

☞丢三落四说明你的心思都在更重要的事情上啦，以后我来当你的小跟班，帮你记着。

☞你这是在给生活制造小惊喜呢，说不定哪天就从角落里找到一堆宝贝！

场景 8 当女生表达对你的好感

青铜

☞ 谢谢你的喜欢。

王者

☞ 哈哈哈，看来我的魅力果然无法挡啊！感谢你的喜欢，我会继续努力做一个值得你喜欢的人。

☞ 真的吗？我简直不敢相信自己的耳朵！谢谢你的喜欢，我会倍加珍惜这份感情。

场景 9 女生分享自己的成就

青铜

☞ 恭喜你，真厉害！

王者

☞ 哇！你真是太棒了！你的成就让我都感到自豪呢。继续努力，未来一定更加辉煌！

☞ 听到你的好消息，我都忍不住要为你欢呼了！恭喜你取得如此卓越的成就。

☞ 你的努力和付出终于得到了应有的回报，真是厉害啊！我为你感到骄傲。

场景10 女生向你倾诉自己的困惑

青铜

☞别担心，会过去的。

王者

☞来，跟我说说具体情况吧，我会尽力给你出谋划策的。相信我们一定能找到解决的办法。

☞困惑是成长的必经之路，别担心，我会一直在这里陪伴你渡过难关。相信我，一切都会好起来的。

场景11 女生开玩笑说你是个大忙人

青铜

☞最近的确有些忙。

王者

☞哈哈哈，你可是说对了！我忙得像个陀螺一样，不过就算再忙，也不会忘记和你聊天的。

☞哈哈，是啊，我总是在忙着拯救世界呢！开玩笑的，其实我只是想把每一件事情都做好。你呢，最近忙不忙？

场景12 当女生夸你今天很美

青铜

☞ 真的吗？谢谢夸奖。

王者

☞ 哈哈哈，谢谢夸奖！今天我可是特意打扮了一番，就为了在你面前展现最好的我。

☞ 哎呀，被你这么一说，我都有点不好意思了。其实我每天都很美，只是今天被你发现了而已。

☞ 真的吗？我今天这么美吗？我一定会继续保持的！

关系再好也要有技巧地沟通

场景1 朋友向你借钱

青铜

☞ 我最近手头也紧，没法借给你。

王者

☞ 你看我这兜比脸还干净，都快穷得去街头卖艺了，哪有钱借给你呀，咱俩“同是天涯沦落人”哪！

☞ 哎呀，你这可是找对人了，我就是一个“穷”字贯穿一生的人，你要不嫌弃，我把我这个月的馒头分你一半？

☞ 兄弟，你知道我最大的梦想是什么吗？就是有一天能有人向我借钱，然后我可以大气地说“拿去，不用还了”。可惜，现在还在努力攒这个“拿去”的钱呢。

☞ 朋友，我特别想帮你，可我这个月的工资还了房贷车贷，所剩无几，真是心有余而力不足啊，要不咱们一起想想别的办法？

☞ 我这钱都被老婆/老公管得死死的，我现在就是个一毛不拔的“铁公鸡”，自己都拔不出毛来，更别说支援你啦！

☞ 朋友啊，我刚跟财神爷打了一架，结果他一生气把我的财路都给断了，现在我也是泥菩萨过河——自身难保，没法借钱给你啦！

场景2 朋友说想换工作

青铜

☞ 想换就换。

王者

☞ 亲爱的，想换工作说明你有追求！就像鸟儿飞向更美的枝头，你这是要飞向更高的天空。我支持你，大胆去闯！

☞ 哈哈哈，朋友，换工作就像换衣服，旧的不去新的不来，说不定下一份工作就是你的专属时尚新装，让你闪闪发光！

场景3 朋友说感觉自己很孤独

青铜

☞ 习惯就好。

王者

☞ 感觉孤独的时候，就想想我呀！我随时准备着给你发射温暖的抱抱。孤独并不可怕，是为了让你有时间变成更有趣的人，吸引更多小伙伴！

☞ 孤独是成长的必修课，等你修完这门课，就能成为魅力四射的社交达人啦！现在就当给自己放个假，好好享受独处时光！

场景 4 朋友说最近和家人闹矛盾

青铜

☞ 好好沟通。

王者

☞ 哎呀，亲爱的，家人之间哪有隔夜仇呀！找个合适的时机，大家坐下来，心平气和地聊聊，把心里的话都倒出来，矛盾就迎刃而解啦！

场景 5 朋友邀请你参加聚会

青铜

☞ 不好意思，我有事儿去不了了。

王者

☞ 聚会啊，真是让人心动！可惜我最近被一本书“绑架”了，它非要我陪它过完这个周末。你跟大家说，等我被“解救”出来，一定找个时间补上！

☞哎呀，你真是太了解我了，知道我是个“社交达人”。不过，这次我得失约了，因为我已经答应陪我家的“喵星人”过周末，它要是知道我放它鸽子去聚会，肯定会“离家出走”的！

场景6 朋友说觉得自己不够自信

青铜

☞你很棒，自信点。

王者

☞自信是可以培养的！从今天开始，每天给自己设定一个小目标，完成了就奖励自己，慢慢地，你就会发现自己超厉害！

☞哎呀，亲爱的，每个人都有闪光点，你也不例外！多想想自己的优点，你就是那颗被灰尘遮住光芒的钻石，擦掉灰尘，自信闪耀！

场景7 朋友向你分享他的旅行经历

青铜

☞真不错。

王者

☞你的旅行经历真的很精彩啊！我也想像你一样，到处走走看看，感受不同的文化和风景。下次有机会一起去旅行吧！

☞ 旅行真的是一种很好的放松方式啊！听你这么说，我都想立刻打包出发了！

场景 8 朋友向你吐槽他的同事

青铜

☞ 工作哪有不糟心的，大家都一样。

王者

☞ 哈哈哈，听你这么说，你的同事是不是像电影里的反派一样，总是在关键时刻给你来个“惊喜”啊？别担心，我们每个人都可能有过这种“与奇葩共事”的经历，你并不孤单！也许他只是想用他独特的方式，为你们的办公室生活增添一些“色彩”罢了。下次他再出招，你就当是看一场免费的喜剧表演，笑笑就过去了。

☞ 哈哈哈，听你这么说，你的同事是不是自带“喜剧效果”呀？每天上班就像在看一部情节跌宕起伏的电视剧。你也是挺“幸运”的嘛，别人花钱看剧，你直接看现场直播！下次他再开始他的“表演”，你可以考虑收门票了，我帮你宣传！

☞ 哎，你这同事，是不是觉得生活太平淡，所以总想给你加点料啊？我觉得他应该去当个编剧，这剧情设计能力，简直了！下次他要是再给你“加戏”，你就告诉他，你正在考虑把他的故事卖给好莱坞！

公共场合与人愉快地交流

场景 1　邻居请你音响开小点声

青铜

☞知道了。

王者

☞哎呀，真是不好意思，我这音响一兴奋就嗓门大，我这就把它的音量调小，保证不再打扰您！

☞实在抱歉啊，我这音响可能是想给整个小区开演唱会呢，我这就把它调小点声！

场景 2 在图书馆有人对你大声说话

青铜

☞小声点！

王者

☞哎呀，亲爱的，这里的知识都在安静地睡觉呢，咱们小声点，别吵醒它们哟！

☞咱们把声音放低些，不然这些书会以为咱们在吵架呢！

场景 3 在公园有人问你能不能帮忙拍照

青铜

☞行。

王者

☞当然可以，我这拍照技术虽然比不上专业摄影师，但一定能捕捉到您最灿烂的笑容。

☞保证把您拍成超级大明星，让您的照片美炸朋友圈！

场景4 在公交车上有人踩了你一脚

青铜

☞看着点！

王者

☞哎呀，您这一脚可真是给我来了个意外的“问候”，不过没关系，大家都不容易！

☞哟，您这一脚踩得我瞬间精神了，不过别放在心上，车上人多难免的！

场景5 在健身房有人跟你抢器械

青铜

☞我在用！

王者

☞朋友，我才刚开始和这台器械培养感情呢，您稍等会儿，马上就轮到您！

☞哈哈，看来这台器械魅力太大，您也被吸引了，不过我还有几组，您先热热身！

场景 6 邻居给你送小礼物

青铜

☞谢谢啊。

王者

☞哎呀，太惊喜啦！您这礼物真是让我受宠若惊，感觉心里都暖暖的，真是太感谢啦！

☞这礼物太贴心啦！您总是这么周到，我都不知道该怎么回报您这份情谊啦，万分感谢！

☞您太客气啦！收到您的礼物，我一整天都会心情超好，谢谢！

场景 7 在超市排队结账时有人插队

青铜

☞请先排队好吗？

王者

☞看来有人想提前体验结账的乐趣啊！不过，排队是一种美德，我们还是按顺序来吧。

☞这位朋友，大家都在耐心排队等待呢，您可不能搞特殊呀！您看，大家按照正常的速度，很快就轮到啦，多谢配合！

场景8 在餐厅点餐时，服务员态度不佳

青铜

☞能帮我换个态度好点的服务员吗？

王者

☞这位服务员朋友，你是不是有什么不开心的事情啊？如果需要倾诉，我可以做你的听众哦！不过，现在还是希望你能给我们提供更好的服务。

☞看来今天的服务员有点“高冷”啊！不知道能不能换个“热情如火”的来服务我们呢？

场景9 路人问你附近的洗手间

青铜

☞不知道。

王者

☞不好意思呀，我是个路痴，不过您别着急，咱们一起问问旁边的店铺也许就知道啦！

☞我刚到这里，也没摸清呢，要不您打开手机地图搜一搜，说不定能给您指条明路！

幽默回话改变局势

在人际交往中，幽默是一种独特的语言艺术。幽默的回话，就像人际交往中的魔法棒，轻轻一挥，便能化解尴尬、消除紧张、拉近彼此的距离。当我们身处陌生的社交场合，一句幽默的回话可以迅速暖场，让大家不再拘谨。在面对批评或指责时，幽默的回话能够巧妙地化解冲突。幽默的回话还能展现个人的魅力与智慧。一个能够以幽默应对各种情况的人，往往更容易赢得他人的好感和尊重。

幽默回话的技巧

1. 巧妙运用双关语： 双关语是幽默回话中的常用技巧，它通过利用词语的多义性，制造出意想不到的喜剧效果。例如，当谈论到某个复杂问题时，可以调侃："这个问题真是让人'头疼'，不过幸好我'头铁'，还能扛得住。"这里的"头铁"既形容自己坚强，又暗含一种自嘲的幽默。

2. 适度自嘲： 适度的自嘲能够展现个人的自信与乐观态度。调侃自己的小缺点或尴尬经历，可以让对方感到轻松愉悦。例如，在谈论自己健忘时，可以开玩笑："我现在的记忆力真是越来越差了，前天刚见过的人今天就不记得了，看来我得多吃点核桃补补脑了。"

3. 夸张与对比： 夸张与对比是幽默回话中的另外两个重要技巧。夸大其词或者将两个截然不同的事物进行对比，可以制造出强烈的喜剧效果。例如，在形容自己的忙碌程度时，可以说："我最近忙得连轴转，连上厕所的时间都没有，你看我是不是都瘦了一圈？"这种夸张的表达方式往往能够引发对方的共鸣和笑声。

4. 引用流行文化和典故： 引用当下流行的影视、网络热梗或经典典故，可以增加回话的趣味性和文化内涵。例如，当讨论到某个热门电影时，有人说："我觉得那部电影太震撼了。"我们可以接："那可不是，简直比'复仇者联盟'的战斗还激烈。"

5. 创造意外转折： 通过出乎意料的回答，打破对方的预期，引发笑声。比如有人问："你周末打算干什么？"我们可以回答："我准备去和月亮谈谈心，看看它为啥总是阴晴不定。"

培养幽默回话能力的方法

1. 观察与学习： 多观察身边那些幽默风趣的人是如何回话的，学习他们的语言技巧和思维方式。同时，通过观看喜剧节目、阅读幽默书籍等方式，不断积累幽默素材。

2. 思维训练： 锻炼自己的发散性思维和逆向思维，尝试从不同的角度看待问题，寻找独特的幽默点。

3. 实践与反思： 在日常交流中积极运用幽默回话，不断实践和尝试。事后反思自己的表现，总结经验教训，逐步提高自己的幽默水平。

幽默回话的注意事项

1. 尊重他人：幽默应该是友善的，不能以伤害他人的感情或尊严为代价。运用幽默回话时，先要确保不会让对方感到尴尬或不舒服。

2. 注意场合与对象：在运用幽默回话时，需要注意场合和对象。不同的场合和对象对幽默的接受程度和理解能力是不同的。因此，在选择幽默方式和内容时，要充分考虑对方的文化背景、性格特点和心理需求等因素。

3. 把握分寸与尺度：幽默虽然能够提升回话的趣味性，但也要注意把握分寸和尺度。过度的幽默可能会让对方感到尴尬或被冒犯，甚至会影响双方的关系。因此，在使用幽默时要适度而为，避免过犹不及。

4. 注重创新与个性：幽默是一种创造性的语言艺术，需要注重创新和个性。在回话中，可以结合自己的经历和见解，创造出独具个性的幽默方式。同时，也要不断学习新的幽默元素和技巧，以保持幽默的新鲜感和吸引力。

幽默的回话艺术是一门高深而有趣的学问。通过巧妙运用各种技巧和策略，不断培养和提升自己的能力，并注意运用时的分寸，相信我们能够在人际交往中绽放出独特的光彩，让每一次交流都成为美好的回忆。

第五章 人情往来，回话有技巧

做认真倾听的“听话高手”

在人际交往中，倾听是表达尊重和理解的重要方式。通过有效倾听，我们不仅能更好地理解他人，还能建立信任和友谊。以下是几种提升倾听能力的训练方法。

1. 积极倾听： 积极倾听强调在沟通过程中保持积极、开放的态度。训练时，首先，要全神贯注地倾听对方的话语，不打断、不插话。其次，通过点头、微笑等肢体语言和简单的肯定词语（如“嗯”“是的”等），来表达自己的理解和关注。

训练方法： 可以找一个朋友或家人进行模拟对话，让自己有意识地实践积极倾听。

2. 同理心倾听： 倾听者站在对方的角度去感受和理解其情感和需求。这种倾听方式有助于建立深厚的情感连接。

训练方法： 观看一些情感类的电视节目或电影，或阅读一些感人至深的文章，尝试从中感知角色的情感和需求。

3. 批判性倾听： 在倾听的过程中保持独立思考，对对方的观点进行客观的分析和评价。这种倾听方式有助于促进双方深入交流，避免盲目接受或拒绝对方的观点。

训练方法： 参加一些辩论会或讨论会，尝试在倾听他人观点的同时进行客观的分析和评价。此外，也可以阅读一些具有争议性的文章或报道，锻炼自己的批判性思维能力。

提高语言表达能力的方法

清晰、准确、有感染力的语言表达能够增强信息的传递效果，促进双方的理解和共鸣。以下是提高语言表达能力的几种具体训练方法。

1. 朗读练习： 每天花一定时间朗读优秀的文章、演讲稿或者新闻报道。朗读，可以使你提高发音的准确性，把控好语调的抑扬顿挫及语速。

2. 复述训练：听一段故事、讲座或者新闻，然后尝试用自己的语言复述其主要内容。这有助于锻炼总结归纳能力。

3. 即兴演讲训练：设定一个主题，在短时间内准备并进行一段即兴演讲，如“我最喜欢的电影”。这种训练，可以提高快速思考和组织语言的能力。

4. 角色扮演：模拟不同的场景和角色进行对话，例如商务谈判、客户服务、朋友间的交流等。

5. 录像反思：将自己的讲话过程录制下来，观看并分析存在的问题，如语速过快、表达不清晰等，然后进行针对性的改进。

此外，肢体语言是语言表达的重要组成部分，它与口头语言相互配合，能够增强信息的传递效果。我们可以练习在表达过程中加入适当的肢体语言，如手势、眼神等。

学会控制自己的情绪

有效的情绪管理不仅能够帮助我们更好地控制自己的情绪，还能在沟通中保持冷静与理智，避免情绪波动导致的沟通障碍。以下是几种具体的情绪管理训练方法。

1. 记录情绪日记：每天记录自己经历的情绪波动，分析触发情绪的事件，以及当时的想法和感受。通过反思，可以更加清晰地认识到自己的情绪模式，并逐步学会调整。

2. 深呼吸练习：在情绪激动时，通过深呼吸来放松身心。深呼吸可以减缓心跳，降低血压，有助于情绪恢复。

3. 冥想：定期进行冥想，专注于当下的感受，提高对情绪的控制能力。每天花15~20分钟进行简单的冥想，排除杂念，专注于呼吸。

4. 情绪表达训练：练习用“我……”语言来表达自己的感受和需求，避免指责和抱怨。比如在与同事沟通时，尝试用“我觉得很沮丧，因为我觉得我的意见没有被重视”来代替“你总是不听我的意见”。这样的表达方式有助于增进彼此的理解。

5. 情绪模拟训练：设想一些可能引发强烈情绪的场景，提前思考应对方法。假设在公共场合被人误解，事先想好如何理智回应，而不是冲动争吵。

情感共鸣促进顺畅沟通

通过有效的反馈和确认，我们可以确保信息在沟通过程中准确无误地传递，增强沟通的透明度和效率。以下是关于反馈与确认训练的几种具体方法。

1. 复述练习：在对方表达完观点后，尝试用自己的话复述对方的意思。这不仅可以检验自己是否真正理解，还能向对方确认信息的准确性。例如，与客户沟通需求后，说："您的意思是希望产品在功能上更加便捷，外观上更具时尚感，对吗？"

2. 提问澄清：对于不理解或不确定的地方，及时提出问题以确认。比如，上司布置任务时，如果有些细节不清楚，你可以问："请问这个任务的截止日期是哪天？"

3. 反馈感受：分享你对对方所讲内容的感受和想法。例如，听完合作伙伴的方案介绍后，说："我觉得这个方案很有创意，让我对项目充满期待。"

4. 模仿与同步：在沟通中，尝试模仿对方的语速、语调和肢体语言，这有助于建立信任和共鸣。在与同事讨论时，如果对方说话语速较快且充满激情，你也可以尝试加快语速并表现出同样的热情，以显示你在积极参与和理解他的观点。

5. 角色扮演练习： 模拟不同的沟通场景，进行反馈与确认练习。例如模拟商务谈判，一方提出条件，另一方反馈确认。

全球化视野下的跨文化沟通

跨文化沟通训练对于提高个人的全球交际能力和适应多元文化环境具有重要意义。以下是一些具体的方法，可帮助提升跨文化沟通能力。

1. 文化学习： 深入研究不同文化的价值观、信仰、习俗和社会规范。例如学习日本文化，了解他们注重礼仪、集体主义等特点。

2. 语言学习： 掌握目标文化的语言，包括常用词汇、语法和表达方式。例如学习法语，不仅要学会基本的语法和单词，还要了解一些法国特有的表达方式和俗语。

3. 影视分析： 观看来自不同文化背景的电影、电视剧，分析其中的人物互动和沟通方式。例如观看印度电影《摔跤吧！爸爸》，观察影片中家庭成员之间的交流模式和情感表达。

4. 文化交流活动：参加国际交流活动、语言交换项目或国际志愿者活动，与来自不同文化环境的人直接交流。例如参与国际志愿者项目，与来自世界各地的志愿者共同工作和生活。

5. 模拟交流：设定跨文化沟通的场景，进行模拟对话。比如模拟与一位来自德国的商务伙伴讨论合作项目，注意对方严谨、注重效率的特点。